OEUVRES

DE

MOLIERE

XVI

ILLUSTRATIONS

PAR

JACQUES LEMAN

LE MISANTROPE

PARIS

CHEZ ÉMILE TESTARD ET Cie, ÉDITEURS

10, RUE DE CONDÉ

1889

OEUVRES

DE

J.-B. P. DE MOLIÈRE

LE MISANTROPE

JUSTIFICATION DU TIRAGE

Il a été fait pour les Amateurs un tirage spécial sur papier de luxe à 550 exemplaires, numérotés à la presse.

		NUMÉROS
125 exemplaires sur papier du Japon.		I à 125
75 — sur papier de Chine.		126 à 200
150 — sur papier Vélin à la cuve.		201 à 350
200 — sur papier Vergé de Hollande.		351 à 550

OEUVRES

DE

MOLIERE

ILLUSTRATIONS

PAR

JACQUES LEMAN

NOTICES

PAR

ANATOLE DE MONTAIGLON

PARIS

CHEZ EMILE TESTARD ET CIE EDITEURS

10 RUE DE CONDÉ

M.DCCC.LXXXVIII

NOTICE DU MISANTROPE

A première représentation du *Misanthrope* n'eut mal-
heureusement pas lieu devant le Roi. La maladie dernière et la mort d'Anne d'Autriche, la déclaration de
guerre à l'Angleterre, interrompirent les divertisse-
ments de la Cour; le Théâtre du Palais-Royal ferma,
le 27 décembre 1665, avant les autres et plus long-
temps qu'eux — Molière pourrait bien avoir été malade entre temps —
et ne rouvrit que le 21 février 1666. Le *Misanthrope* y fut joué pour la
première fois, le lendemain de la fête de l'Ascension, le vendredi 4 juin
1666. Avec *Tartufe* et *Les Femmes savantes*, c'est certainement l'un des
trois grands chefs-d'œuvre de Molière, peut-être le plus étonnant et le
plus parfait. C'est l'opinion de Boileau, de Voltaire et même de Gœthe,
qui sont de bons juges; malgré Rousseau et Schlegel, la postérité est
de leur avis.

On a beaucoup et trop dit que le *Misanthrope* n'avait pas eu de succès.
Quel est donc le jugement immédiat des chroniqueurs? Pour Robinet,
le continuateur de Loret, Molière : « N'a rien fait de cette hauteur », en
même temps que pour Subligny : « C'est un chef-d'œuvre inimitable. »
Il faudrait être bien difficile pour ne pas se contenter de mots pareils, qui
font au moins autant d'honneur à ceux qui les ont écrits qu'à celui dont
ils parlaient.

Le Registre de la Grange est là d'ailleurs. Du 4 au 29 juin, et, après

une interruption du Théâtre, du 29 juillet au 1er août, il est joué seul.
C'est le 6 août qu'on donna le *Médecin malgré lui ;* c'est seulement à
partir du 3 septembre que les deux Pièces furent jouées ensemble,
et le *Misanthrope* fut encore joué seul plus d'une fois. En réalité il
fut représenté au Théâtre trente-quatre fois en 1666, quatre fois en 1667
à la suite de l'unique représentation du *Tartufe,* et vingt-quatre fois
de 1669 à la mort de Molière, en 1673, en tout soixante-deux repré-
sentations. C'est presque, de nos jours, le millier en trois ans de celles
d'une opérette.

Pour le *Misanthrope,* il y faut remarquer que c'est une des Pièces de
Molière qui doit le moins aux autres. Les souvenirs de détails qu'on y
peut signaler sont rares.

Un certain nombre de vers des transports jaloux d'Alceste ont été
repris par lui au *Don Garcie* de 1661, joué avant son mariage; c'était plus
que son bien, et il les a récrits souvent d'une façon supérieure.

L'adorable couplet d'Eliante sur les indulgences des amoureux pour
les défauts de leurs maîtresses vient de Lucrèce et de bien d'autres
Anciens.

L'éloge de la « sagesse sobre » vient d'une des Épîtres de saint
Paul.

L'amusante sortie d'Alceste contre la fureur des embrassades des
Courtisans vient peut-être d'un charmant passage du roman satirique de
Barclay, l'*Euphormion,* alors aussi célèbre en français qu'en latin. Par
contre, éclaircira-t-on jamais les origines de la vieille chanson de *Ma mie,
au gué?*

Si le Sonnet est de Molière, ce qui est possible puisqu'on ne l'a rencontré nulle part, la pointe finale est partout, même dans Corneille,
même dans le *Don Juan* de Tirso de Molina. C'est, au suprême degré du
Gongorisme et du Marinisme, que Molière connaissait à merveille, de
l'Euphuisme, si Molière avait connu l'anglais comme il faisait l'italien et
l'espagnol. C'était si bien dans le goût du temps qu'à la première représentation le public commença par l'applaudir, et peut-être Philinte ne le
trouvait-il pas si mauvais? Là-dessus, le mot si gai : « Hors qu'un commandement exprès du Roi ne vienne », que Boileau a certainement dit

puisqu'il s'en est vanté, l'avait déjà été par Malherbe et avait été imprimé par Balzac.

Le nom charmant de Célimène, qui n'appartient plus qu'à Molière, il l'a pris à l'une des héroïnes et au titre même d'une Comédie de Rotrou, jouée et imprimée en 1633, et, quand elle fait des portraits, ne fait-elle pas, avec plus d'esprit, ce que la Grande Mademoiselle et sa petite Cour faisaient, lourdement et longuement, aux applaudissements des connaisseurs?

Par contre, rien de plus original et de plus nouveau que le sujet lui-même, d'une unité si forte dans la simplicité de son action. Qu'Alceste soit ou non en scène, c'est toujours de lui qu'il s'agit, que ce soit de son caractère ou de son amour. Aussi rien de plus faux que la trop célèbre anecdote des Notes de M. de Tralage.

Qu'Angelo Costantini lui ait dit avoir raconté à Molière le détail de celui qui faisait des ronds dans un puits, ce détail qui déplaisait tant à Madame Henriette, rien que de très naturel; cela a fait rire Molière et il l'a introduit comme un béquet. Mais dire que le *Misanthrope* a été copié sur une Farce Italienne et qu'il a été écrit en quinze jours, c'est se moquer du monde, aussi bien de l'avoir cru que de l'avoir dit. L'Italie possède à son compte assez de grands écrivains, conteurs, poètes, historiens, pour n'avoir pas besoin de laisser dire que ce qui n'est pas elle et vaut quelque chose n'a fait que la copier et démarquer son linge. Molière lui aurait toujours tout pris, fonds et forme! Que les Farceurs Italiens lui aient servi au point de vue du jeu et de la scène, rien de plus simple; c'étaient et ce sont encore des mimes incomparables. Mais ce serait aux Italiens que Molière aurait dû sujets, actions, caractères, enfin tout son Théâtre et toute son œuvre, c'est puéril. On l'a dit et on l'a répété, surtout au xviiie siècle; il a tout pris à l'Italie. Où est la preuve? Pourquoi ceux qui l'ont affirmé ne l'ont-ils pas prouvé? Si, entre autres, le *Misanthrope* n'est qu'une traduction ou une adaptation, comme on dit aujourd'hui, pourquoi n'ont-ils pas imprimé cet original incomparable, qui ferait de Molière un voleur et un copiste? Pourquoi ne l'ont-ils pas fait? C'est qu'il leur aurait été impossible de le faire; il leur aurait fallu l'inventer eux-mêmes après coup, et leur forgerie aurait été mise à jour. On a bien dit que Corneille avait traduit le *Cid* de la Pièce de Guillem de Castro, qui lui est postérieure, et on a fabriqué un *Gil Blas* Espagnol pour po uvoir dire que le roman français n'était qu'une pure traduction. Corneille et Lesage peuvent dormir tranquilles, et Molière aussi. On a dit, on n'a osé rien imprimer parce qu'il n'y avait rien.

Il est inutile de rappeler que Molière avait déjà fait des lectures de son premier acte, au moins dès 1664. Au dernier moment il a dû terminer rapidement parce qu'il fallait à son Théâtre une grande Pièce nouve lle ; mais il y avait longtemps qu'il l'avait conçue, combinée, bâtie et qu'il avait commencé à l'écrire. Pas plus que *Tartufe*, ce n'est, ce ne peut pas être une improvisation.

Rien précisément n'est mieux composé, ne se tient mieux, sans rien qui s'écarte du but ; tout s'y rapporte et tout y mène, à commencer par l'exposition et l'entrée en matière.

Deux amis sont venus ensemble chez Célimène. Alceste, violent et amer, se plaint de tout et en veut à tout le monde. Il a un procès injuste et il le veut perdre, pour la beauté du fait et pour avoir le droit d'exhaler sa bile contre le genre humain ; de plus il aime et il est malheureux. Philinte lui montre qu'il ferait bien de s'occuper de son procès et qu'il ferait bien aussi de s'adresser ailleurs ; le caractère de la charmante Eliante serait mieux son fait que celui de Célimène. C'est parler d'or, mais l'atrabilaire amoureux, — qui a peut-être été le premier titre de la Pièce et il avait bien son prix, car Alceste n'est pas un vrai Misanthrope comme Timon — ne veut rien entendre et s'enfonce dans ses colères et ses jalousies. Il convient de tous les défauts de Célimène ; il les voit, et il ne peut s'empêcher de l'aimer, d'où, jusqu'à la fin, l'opposition constante entre son caractère et son amour, qui sont tous deux bien à lui et bien de lui. Là-dessus arrive, pour avoir aussi Célimène, Oronte, qui se confond en protestations d'amitiés pour finir par tirer de sa poche un sonnet ; Alceste ne le trouve pas bon ; de là, querelle, et naissance d'un second procès. L'action est, dès le premier moment, engagée sur toute la ligne.

Alceste essaie de s'expliquer avec Célimène ; il est empêché par l'entrée de ses visiteurs. Alors la scène du cercle ou des portraits, qui seront repris et complétés par la lecture d'une lettre de Célimène, et ce n'est pas un hors-d'œuvre, car rien ne peint mieux le caractère léger et médisant de la coquette, en même temps qu'ils donnent raison aux jalousies et aux sorties d'Alceste. Malgré Philinte, malgré Eliante, qui ne parle que pour laisser à Alceste le temps de se remettre, il continue à gâter ses affaires, et l'action s'interrompt à la fois et se continue par l'arrivée du Garde, ou plutôt de l'Officier, venant prévenir Alceste de comparaître devant le Tribunal des Maréchaux pour arranger son affaire avec Oronte.

Ensuite Acaste et Clitandre conviennent entre eux de laisser Célimène à celui des deux qu'elle choisira, et, comme on annonce Arsinoé à Célimène, ils laissent entre elles les deux femmes. Inutile d'insister sur ce beau duel entre deux épées d'égale force, car Arsinoé, c'est Célimène moins jeune, avec plus d'expérience douloureuse, et ce serait pour Alceste une meilleure femme que Célimène. Elle l'admire, elle s'en ferait gloire, le défendrait de lui-même, et le mettrait en valeur. Bien entendu, Alceste, et il n'a pas tort, passe à côté d'Arsinoé, tandis qu'en passant de même à côté d'Eliante, il méconnaît le choix qui serait pour lui le meilleur. Au fonds, entre les deux coquettes c'est toujours d'Alceste qu'il s'agit. Malgré ses façons bourrues, il faut bien qu'il ait bon air et qu'il soit aimable malgré tout, puisque des trois femmes de la Pièce l'honnête Eliante et l'adroite Arsinoé ne répugneraient point à l'épouser et le lui disent, et que Célimène elle-même, dans la mesure où le comporte sa jeune frivolité, le préfère à ses autres poursuivants. Comme il arrive, Célimène, sûre qu'elle est de son empire et pour retarder encore le moment de se prononcer, le laisse imprudemment avec Arsinoé, qui promet de lui fournir la preuve de la perfidie de sa rivale.

Avec ce billet Alceste revient chez Célimène, et l'accable de reproches; comme il est amoureux, elle le rengrège de plus belle, quand il est interrompu par un nouveau fâcheux, son Valet, qui le vient prévenir qu'à la suite de la perte de son procès on menace de l'arrêter.

Il n'en revient pas moins pour forcer Célimène à se déclarer, et, avec lui, tous ses amants, comme on disait au xviie siècle. A la lecture de la fameuse lettre, qui les drape l'un après l'autre de la belle façon, chacun sort avec plus que des railleries. Devant Alceste seul, Célimène reconnaît qu'elle a eu tort, mais, sur son offre de le suivre dans un désert, elle n'accepte pas; la solitude effraie cette âme de vingt ans. Alceste, qui de dépit s'était un moment offert à Eliante, reconnaît qu'il n'a rien fait pour être digne d'elle; Eliante épousera Philinte; il faut leur en faire compliment à tous les deux.

Voilà très brièvement, sans éloges d'ailleurs superflus, l'analyse et le squelette du *Misanthrope*. Rien n'y est inutile; il n'y a pas de pièce où il y ait plus de suite et une marche plus sûre. La force d'unité y est admirable.

Y a-t-il une énigme d'Alceste? L'idée que ce soit un Janséniste est plus singulière encore que de faire de Tartufe un Jésuite. Ce sont des mondes dont Molière n'était pas, et il n'a jamais pris parti ni pour les uns ni contre les autres. Si Molière, très respectueux dans sa vie pour la religion, a paru l'attaquer dans *Don Juan*, c'était pour défendre son *Hypocrite* et se défendre lui-même des calomnies, des vilenies et des perfidies dont on l'accablait. Il y a eu des hypocrites dans tous les temps, dans toutes les religions, même sans religion, et il y en aura toujours.

Alceste n'est qu'un homme, mélangé de beaucoup plus de bien que de mal, l'un au fonds, l'autre à la surface, qui gâte ce qu'il a d'excellent par le tempérament de son caractère, un Ridicule, comme il le dit lui-même, car *Ridicule* n'est pas chez Molière un adjectif, mais un substantif, le nom d'un type comme celui d'avare ou de prodigue; dans la langue postérieure *original*, *singulier* rendraient mieux une partie du sens que *ridicule* a perdu. Personne n'est plus droit, ni plus estimable, mais il se hérisse à chaque instant, à propos de tout et même à propos de rien; il se donne à plaisir tous les torts et tous les ennuis d'un méchant caractère. C'est un sincère dans le grand sens; il le veut être et il veut le paraître; c'est la sincérité qu'il pratique avec exagération et dont il demande l'exagération aux autres; mais sa sincérité, si noble et si héroïque qu'elle soit, est toujours en éveil et facilement irritable. En même temps que c'est le plus parfait *honnête homme* dans tous les sens, c'est une âme dure à manier, pleine d'un orgueil inconscient qui tient à ce qu'on le distingue, et personne n'a jamais aimé comme il fait. Marmontel l'a très bien dit; le dessein de Molière, quand il a composé le caractère d'Alceste, a été de se servir de son caractère comme d'un fléau et de sa vertu comme d'un exemple.

Mais, malgré les bouillons où il s'emporte, ce n'est pas plus un énergumène qu'un héros de tragédie ni de mélodrame; c'est un personnage comique, qu'on estime et dont on sourit à cause du contraste perpétuel entre sa volonté et sa passion. On sait que Baron y était brusque, mais sans grossièreté violente et gardait le ton du grand monde. C'est ainsi qu'il le faut jouer, avec plus de vivacité que de lenteur, avec des soudainetés d'accent, mais sans pontifier et sans pousser au noir. Il a droit à toutes les estimes, mais il est comique sans le vouloir et sans le savoir; c'est précisément pour cela qu'on ne doit pas le sortir de la comédie et en faire un furieux.

Comme on riait d'Alceste, Rousseau qui s'en donnait les airs et qui était de plus défiant et envieux, croyait toujours qu'on riait de lui ou qu'on allait en rire, et il accusait Molière d'avoir ridiculisé la vertu, ce qui n'est vrai d'aucune façon.

Philinte, dans quatre vers qu'on avait autrefois le tort de couper au théâtre, fait la comparaison de lui et d'Alceste avec les deux frères de l'*École des Maris*, l'un trop dur et l'autre indulgent. Alceste et Philinte se ressemblent davantage, et, en les mettant en face l'un de l'autre, Molière présente les deux faces de la question. On a été souvent injuste pour Philinte; Fabre d'Eglantine a presque fait une mauvaise action quand, pour corriger Molière, ce qui ne manque pas de naïveté, il a fait de Philinte un scélérat. C'est un ami sincère; il comprend Alceste, tout en le blâmant; il l'excuse, il lui est dévoué, il lui reste fidèle et essaie toujours de le sauver de lui-même. Alceste le trouve trop doux, trop accommodant, mais leur apparente contradiction est moins dans le fond que dans la forme; leur chemin n'est pas le même, mais ils sont partis du même point et se rejoindraient facilement. Un peu plus d'Alceste dans Philinte, un peu de Philinte dans Alceste, et ce serait l'homme parfait; ils n'en ont pas moins des traits communs, comme il arrive à des frères, dont on sent la parenté malgré les différences. L'un est plus ardent et plus jeune, maigre, bilieux, plus nerveux, hautain, à la fois orgueilleux et dédaigneux, tournant à l'amertume plus qu'à la tristesse et facilement malheureux; l'autre blond, un peu lymphatique, la voix plus douce, plus gras et élégant, sceptique sans colère, plus facile au sourire et au bonheur. Si Molière avait été d'Athènes, — Timon en était bien, lui qui, comme Alceste, haïssait les méchants et ceux qui ne l'étaient pas parce qu'ils ne haïssaient les méchants — un sculpteur grec aurait aisément pu faire un Hermès à double tête avec celles d'Alceste et de Philinte.

Dans un autre ordre d'idées, c'est une erreur d'avoir voulu mettre des noms réels sur tous les personnages du grand comique; le *Misanthrope* n'a pas de clef comme les *Caractères* de la Bruyère. Célimène n'a rien de Mme de Longueville, pas plus que les jeunes Marquis ne sont le Comte de Guiche et Lauzun. Si l'homme tout mystère, qui n'est qu'un détail incident, peut bien être M. de Saint-Gilles, comment Oronte serait-il le Duc de Saint-Agnan? Ce serait de la part de Molière bien maladroit et bien injuste de railler un homme qui était en réalité un de ses défenseurs auprès du Roi à cause de leur quasi-collaboration aux Fêtes dramatiques de la Cour, aussi bien dans les *Plaisirs de l'Ile enchantée*, antérieur au *Misanthrope*, que dans le *Ballet des Muses*, qui est postérieur.

Est-ce plus juste pour Alceste? On y voit trop de monde à la fois, et l'on en fait une trinité bien contradictoire.

De bonne heure on y a voulu voir M. de Montausier, et Saint-Simon l'a redit, en brodant un peu, comme à son ordinaire. Montausier lui-même aurait été plus vrai s'il a dit qu'il se trouverait fort honoré que Molière eût pensé à lui en traçant le caractère d'Alceste, mais en réalité le portrait serait peu ressemblant. Malgré les brusqueries et les coups de boutoir auxquels Montausier se laissait aller volontiers, dont il ne se repentait pas, bien au contraire, et qui lui donnaient un poids qu'il n'aurait peut-être pas eu sans la réputation qu'il s'en était faite, il n'en a pas moins été le plus courtisan du monde, aussi bien pour Julie d'Angennes, après comme avant leur mariage, que vis-à-vis du Roi. Pour Boileau, il n'y est qu'incidemment pour un détail, la justesse et la sévérité de son goût; mais sur ce point Molière était comme lui et pouvait parler de lui-même.

Enfin, parce que le vert était sa couleur favorite, celle même qu'il avait, dans son armoirie, choisie parmi les émaux du blason pour être le fonds des miroirs de l'auteur comique, les rubans verts d'Alceste ne font pas qu'il soit Molière. Il peut y avoir un peu de sa femme dans Célimène, un peu de lui dans Alceste, mais ne serait-ce pas plutôt insciemment et parce qu'un auteur, sans avoir l'intention de se peindre, puise aussi bien chez lui que chez les autres? Même sans le savoir et sans poser pour soi-même, c'est encore son propre cœur et son esprit qu'on connaît le mieux et le plus à fond. Le poète comique prend à tout le monde, à lui-même aussi bien qu'aux autres, mais ce qu'il emprunte, comme ce dont il se souvient, n'est qu'un point de départ. L'œuvre se fond, se change sous sa main et, au lieu d'être une copie, en est le contraire pour devenir et pour demeurer une création.

Au lieu de ces interprétations de détail plus fausses que vraies et en tous cas singulièrement exagérées, il vaut mieux penser quelque chose de plus général. On a dit que Molière aurait voulu faire un *Courtisan* comme il a fait un *Hypocrite*. La Cour est un théâtre à cent actes divers, et il aurait pu y revenir, mais ce qui se dégage du *Misanthrope*, c'est sa peinture, indirecte et par là d'autant meilleure. L'ensemble du Théâtre de Molière, en dehors de la fantaisie comique, c'est l'étude des caractères et des mœurs de la société bourgeoise plus que de la société polie, plus haute que ses petites bourgeoises jouant aux Précieuses. Tous les personnages du *Misanthrope* sont des gens de Cour ; c'est comme tels qu'ils pensent, qu'ils parlent et qu'ils agissent. Pour la première et l'unique fois, Molière a peint la Cour et rien que la Cour. C'est une des seules choses peut-être qu'on n'a pas assez dites sur le *Misanthrope*.

D'ailleurs la meilleure étude de critique littéraire qu'il ait jamais inspirée a été écrite dès le premier jour, et il n'y a rien à en contester. Tout ce qu'on y a ajouté, objections ou défenses, s'y trouve déjà et n'en est en quelque sorte que la reprise et le développement. Tout y est traité et indiqué, compris ou loué, avec autant de simplicité que de finesse, dans la juste mesure comme dans le vrai ton, et jamais Donneau de Visé n'a rien écrit de cette valeur. Les éditions de la fin du xviiie siècle et de la première moitié de celui-ci ont eu grand tort de supprimer sa

b

Lettre, imprimée dans l'édition originale; les éditions critiques modernes ont eu la justice de ne pas la négliger, et, comme il convenait, de l'y reprendre et de la remettre en lumière. Personne n'a plus ni mieux dit, et personne ne dira mieux.

A. DE MONTAIGLON.

LE

MISANTROPE

Jacques Leman del.　　　　　E. Testard Editeur.　　　　　Géry Richard sc.

LE MISANTROPE

Imp. Taneur.

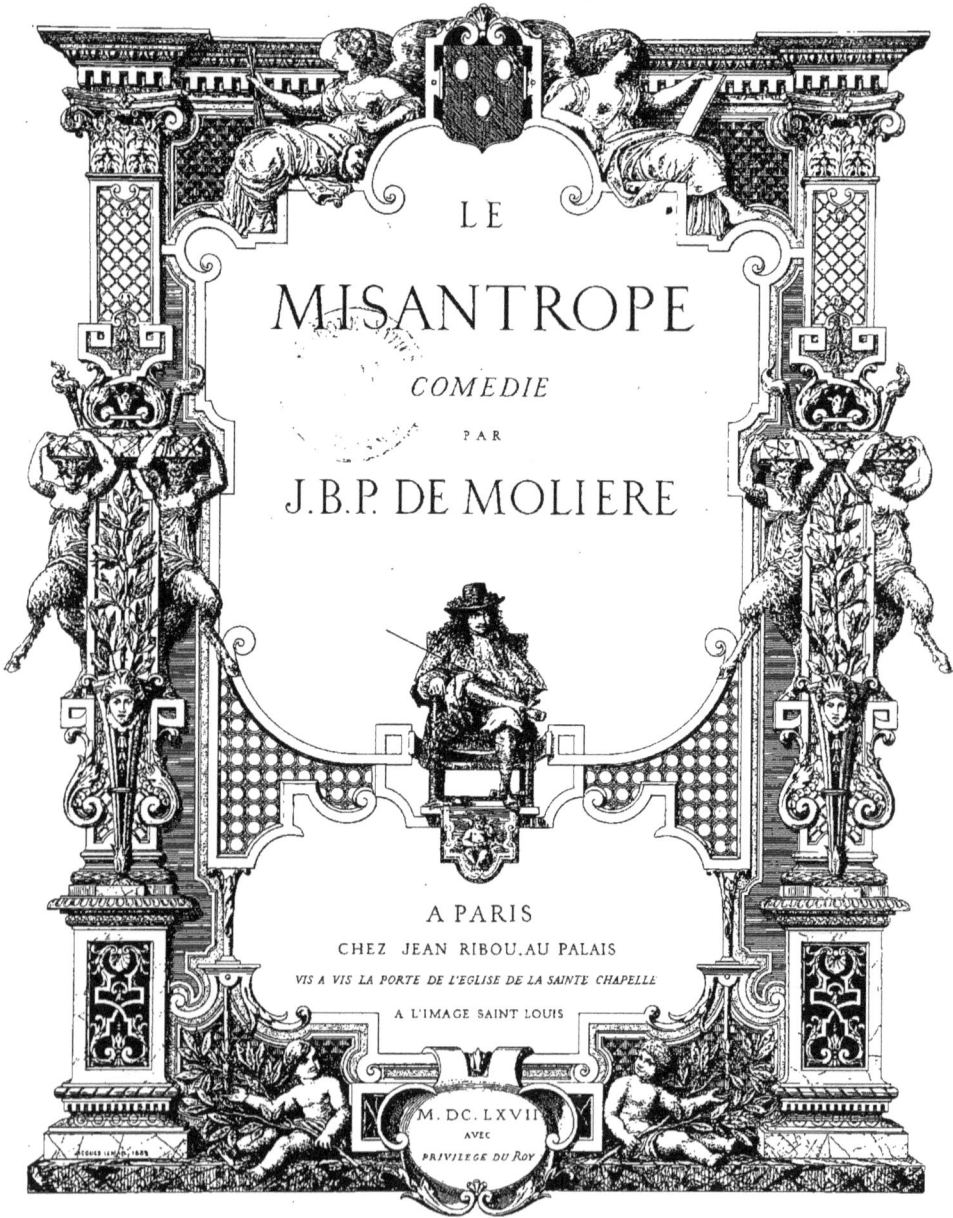

LE

MISANTROPE

COMEDIE

P A R

J.B.P. DE MOLIERE

A PARIS

CHEZ JEAN RIBOU, AU PALAIS

VIS A VIS LA PORTE DE L'EGLISE DE LA SAINTE CHAPELLE

A L'IMAGE SAINT LOUIS

M. DC. LXVII.

AVEC

PRIVILEGE DU ROY

LE LIBRAIRE

AU LECTEUR

L E Misantrope, *dès sa première représenta-*
tation, ayant reçeu au Théâtre l'approbation
que le Lecteur ne luy pourra refuser, et la
Cour estant à Fontainebleau lors qu'il parut,
j'ay cru que je ne pouvois rien faire de plus
agréable pour le Public que de luy faire part
de cette Lettre, qui fut écrite, un jour après, à une personne
de Qualité sur le sujet de cette Comédie. Celuy qui l'écrivit
estant un Homme dont le mérite et l'esprit est fort connu, sa
Lettre fut veue de la meilleure partie de la Cour, et trouvée
si juste, parmy tout ce qu'il y a de Gens les plus éclairez en
ces matières, que je me suis persuadé qu'après leur avoir plû,

le Lecteur me seroit obligé du soin que j'avois pris d'en chercher une Copie pour la luy donner, et qu'il luy rendra la justice que tant de Personnes de la plus haute Naissance luy ont accordée.

LETTRE ÉCRITE SUR LA COMÉDIE

DU

MISANTROPE

MONSIEUR,

VOUS devriez estre satisfait de ce que je vous ay dit de la dernière Comédie de Monsieur de Molière, que vous avez veue aussi bien que moy, sans m'obliger à vous écrire mes sentimens. Je ne puis m'empescher de faire ce que vous souhaitez ; mais souvenez-vous de la sincère amitié que vous m'avez promise, et n'allez pas exposer, à Fontaine-bleau, au jugement des Courtisans, des Remarques que je n'ay faites que pour vous obéir. Songez à ménager ma réputation, et pensez que les Gens de la Cour, de qui le goust est si rafiné, n'auront pas pour moy la mesme indulgence que vous.

Il est à propos, avant que de parler à fonds de cette Comédie, de voir quel a esté le but de l'Autheur, et je croy qu'il mérite des louanges s'il est venu à bout de ce qu'il s'est proposé, et c'est la première chose qu'il faut examiner. Je pourrois vous dire en deux mots, si je voulois m'exempter de faire un grand discours, qu'il a plû et que, son intention estant de plaire, les Critiques ne peuvent pas dire qu'il ait mal fait, puis qu'en faisant mieux (si toutesfois il est possible) son dessein n'auroit, peut-estre, pas si bien réussy.

Examinons donc les endroits par où il a plû, et voyons quelle a esté la fin de son Ouvrage. Il n'a point voulu faire une Comédie pleine d'incidens, mais une Pièce, seulement, où il pût parler contre les mœurs du Siècle. C'est ce qui luy a fait prendre pour son Héros un Misantrope, et, comme *Misantrope* veut dire *Ennemi des Hommes*, on doit demeurer d'accord qu'il ne pouvoit choisir un Personnage qui vraysemblablement pût mieux parler contre les Hommes que leur Ennemy. Ce chois est encore admirable pour le Theâtre, et les chagrins, les dépits, les bizareries, et les emportemens d'un Misantrope estans des choses qui font un grand jeu, ce Caractère est un des plus brillans qu'on puisse produire sur la Scène.

On n'a pas seulement remarqué l'adresse de l'Autheur dans le chois de ce personnage, mais encore dans tous les autres, et, comme rien ne fait paroître davantage une chose que celle qui luy est opposée, on peut seulement dire que l'Amy du Misantrope, qui est un Homme sage et prudent, fait voir dans son jour le Caractère de ce Ridicule, mais encore que l'humeur du Misantrope fait connoistre la sagesse de son Amy.

Molière, n'estant pas de ceux qui ne font pas tout également bien, n'a pas été moins heureux dans le chois de ses autres Caractères, puis que la Maîtresse du Misantrope est une jeune Veufve, Coquette et tout-à-fait Médisante. Il faut s'écrier icy, et admirer l'adresse de l'Autheur. Ce n'est pas que le Caractere ne soit assez ordinaire, et que plusieurs n'eussent pû s'en servir; mais l'on doit admirer que, dans une Pièce où Molière veut parler contre les mœurs du Siècle et n'épargner personne, il nous fait voir une Médisante, avec un Ennemy des Hommes. Je vous laisse à penser si ces deux personnes ne peuvent pas parler contre toute la Terre, puis que l'un hayt les Hommes, et que l'autre se plaist à en dire tout le mal qu'elle en sçait. En vérité, l'adresse de cet Autheur est admirable; ce sont là de ces choses que tout le monde ne remarque pas, et qui sont faites avec beaucoup de jugement. Le Misantrope seul n'auroit pû parler contre tous les Hommes ; mais en trouvant le moyen de le faire aider d'une Médisante, c'est avoir trouvé, en mesme temps, celuy de mettre, dans une seule Pièce, la dernière main au portrait du Siècle. Il y est tout entier puis que nous voyons encor une Femme, qui veut paroître Prude, opposée à une Coquette, et des Marquis qui représentent la Cour, tellement qu'on peut asseurer que, dans cette Comédie, l'on voit tout ce qu'on peut dire contre les mœurs du Siècle. Mais, comme il ne suffit pas d'avancer une chose si l'on ne la prouve, je vais, en examinant cette Pièce, d'Acte en Acte, vous faire remarquer tout ce que j'ay dit, et vous faire voir cent choses qui sont mises en leur jour avec beaucoup d'art, et qui ne sont connuës que des Personnes aussi éclairées que vous.

Les choses, qui sont les plus précieuses d'elles-mesmes, ne seroient pas souvent estimées ce qu'elles sont si l'Art ne leur avoit presté quelques traits, et l'on peut dire que, de quelque valeur qu'elles soient, il augmente toûjours leur prix. Une pierre mise en œuvre a beaucoup plus d'éclat qu'auparavant, et nous ne saurions bien voir le plus beau Tableau du Monde s'il n'est dans son jour. Toutes choses ont besoin d'y estre, et les actions, que l'on nous représente sur la Scène, nous paroissent plus, ou moins belles, selon que l'Art du Poëte nous les fait paroistre. Ce n'est pas qu'on doive trop s'en servir, puisque le trop d'Art n'est plus Art, et que c'est en avoir beaucoup que de ne le pas montrer. Tout excés est condamnable et nuisible, et les plus grandes beautez perdent beaucoup de leur éclat lors qu'elles sont exposées à un trop grand jour. Les Productions d'Esprit sont de mesme, et, sur tout, celles qui regardent le Théâtre. Il leur faut donner de certains jours, qui sont plus difficiles à trouver que les choses les plus spirituelles ; car enfin il n'y a point d'Esprits si grossiers qui n'ayent quelquefois de belles Pensées, mais il y en a peu qui sçachent bien les mettre en œuvre, s'il est permis de parler ainsi. C'est ce que Molière fait si bien, et ce que vous pouvez remarquer dans sa Pièce. Cette ingénieuse et admirable Comédie commence par le Misantrope, qui par son action fait connoître à tout le Monde que c'est luy, avant même d'ouvrir la bouche, ce qui fait juger qu'il soûtiendra bien son Caractère puis qu'il commence si bien de le faire remarquer.

Dans cette premiere Scene, il blâme ceux qui sont tellement accoûtumez à faire des protestations d'Amitié qu'ils embrassent également leurs Amis, et ceux qui leur doivent être indiférents ; le Faquin, et l'Honneste Homme : et dans le mesme temps, par la colère où il témoigne estre contre son Amy, il fait voir que ceux qui reçoivent ces embrassades avec trop de complaisance, ne sont pas moins dignes de blâme que ceux qui les font ; et, par ce que lui répond son Amy, il fait voir que son dessein est de rompre en visière à tout le Genre Humain, et l'on connoît par ce peu de paroles le Caractère qu'il doit soûtenir pendant toute la Pièce. Mais, comme il ne pouvoit le faire paroistre sans avoir de matière, l'Autheur a cherché toutes les choses qui peuvent exercer la patience des Hommes, et, comme il n'y en a presque point qui n'ait quelque Procés, et que c'est une chose fort contraire à l'humeur d'un tel Personnage, il n'a pas manqué de le faire plaider ; et, comme les plus sages s'emportent ordinairement quand ils ont des Procés, il a pû, justement, faire dire tout ce qu'il a voulu à un Misantrope, qui doit plus qu'un autre faire voir sa mauvaise humeur, et contre ses Juges et contre sa Partie.

Ce n'estoit pas assez de luy avoir fait dire qu'il vouloit rompre en visiere à tout le Genre Humain, si l'on ne luy donnoit tout lieu de le faire. Plusieurs disent des choses qu'ils ne font pas, et l'Auditeur ne luy a pas si-tost veu prendre cette résolution qu'il souhaite d'en voir les effets, ce qu'il découvre dans la Scène suivante et ce qui luy doit faire connoistre l'adresse de l'Autheur, qui répond si-tost à ses desirs.

Cette seconde Scène réjouit et attache beaucoup, puis qu'on void un Homme de Qualité faire au Misantrope les civilitez qu'il vient de blâmer, et qu'il faut, nécessairement, ou qu'il démente son Caractère, ou qu'il luy rompe en visière. Mais il est encor plus embarrassé dans la suite, car la mesme Personne luy lit un Sonnet, et veut l'obliger d'en dire son sentiment. Ce Misantrope fait d'abord voir un peu de prudence, et tâche de luy faire comprendre ce qu'il ne veut pas luy dire ouvertement pour luy épargner de la confusion ; mais enfin, il est obligé de luy rompre en visière, ce qu'il fait d'une manière qui doit beaucoup divertir le Spectateur. Il luy fait voir que son Sonnet vaut moins qu'un vieux Couplet de Chanson qu'il luy dit ; que ce n'est qu'un jeu de paroles qui ne signifient rien, mais que la Chanson dit beaucoup plus puis qu'elle fait du moins voir un Homme amoureux, qui abandonneroit une Ville comme Paris pour sa Maistresse.

Je ne crois pas qu'on puisse rien voir de plus agréable que cette Scène. Le Sonnet n'est point méchant, selon la maniére d'écrire d'aujourd'huy, et ceux qui cherchent ce que l'on appelle Pointes ou Chûtes, plutost que le bon Sens, le trouveront sans doute bon. J'en vis mesme, à la premiére représentation de cette Piéce, qui se firent joüer pendant qu'on représentoit cette Scène ; car ils criérent que le Sonnet estoit bon, avant que le Misantrope en fît la Critique, et demeurérent ensuite tous confus.

Il y a cent choses dans cette Scène, qui doivent faire remarquer l'Esprit de l'Auteur, et le chois du Sonnet en est une, dans un Temps où tous nos Courtisans font des Vers. On peut adjoûter à cela que les Gens de Qualité croyent que leur Naissance les doit excuser, lors qu'ils écrivent mal ; qu'ils sont les premiers à dire : *Cela est écrit Cavaliérement, et un Gentilhomme n'en doit pas sçavoir davantage.* Mais ils devroient plûtôt se persuader que les Gens de Qualité doivent mieux faire que les autres, ou du moins ne point faire voir ce qu'ils ne font pas bien.

Ce premier Acte, ayant plû à tout le Monde et n'ayant que deux Scènes, doit estre parfaitement beau puis que les François, qui voudroient toûjours voir de nouveaux Personnages, s'y seroient ennuyez s'il ne les avoit fort attachez et divertis.

Aprés avoir veu le Misantrope déchaîné contre ceux qui font également des protestations d'amitié à tout le Monde, et ceux qui y répondent avec le mesme emportement ; aprés l'avoir ouy parler contre sa Partie, et l'avoir veu condamner le Sonnet, et rompre en visiére à son Autheur, on ne pouvoit plus souhaiter que de le voir Amoureux, puis que l'Amour doit bien donner de la peine aux Personnes de son Caractère, et que l'on doit en cet état en espérer quelque chose de plaisant, chacun traitant ordinairement cette Passion selon son tempérament, et c'est d'où vient que l'on attribue tant de choses à l'Amour, qui ne doivent, souvent, estre attribuées qu'à l'humeur des Hommes.

Si l'on souhaite de voir le Misantrope Amoureux, on doit estre satisfait dans cette Scène puis qu'il y paroît avec sa Maistresse, mais avec la hauteur ordinaire à ceux de son Caractère. Il n'est point soûmis, il n'est point languissant ; mais il luy découvre librement les défauts qu'il void en elle, et luy reproche qu'elle reçoit bien tout l'Univers et, pour douceurs, il luy dit qu'il voudroit bien ne la pas aimer, et qu'il ne l'aime que pour ses péchez. Ce n'est pas qu'avec tous ces discours il ne paroisse aussi Amoureux que les autres, comme nous verrons dans la suite. Pendant leur entretien, quelques Gens viennent visiter sa Maistresse ; il voudroit l'obliger à ne les pas voir, et, comme elle luy répond que l'un d'eux la sert dans un Procés, il luy dit qu'elle devroit perdre sa Cause plûtost que de les voir.

Il faut demeurer d'accord que cette pensée ne se peut payer, et qu'il n'y a qu'un Misantrope qui puisse dire des choses semblables. Enfin, toute la Compagnie arrive, et le Misantrope conçoit tant de dépit qu'il veut s'en aller. C'est icy où l'Esprit de Molière se fait remarquer, puis qu'en deux vers, joint à quelque action qui marque du dépit, il fait voir ce que peut l'Amour sur le cœur de tous les Hommes, et sur celuy du Misantrope mesme, sans le faire sortir de son Caractère. Sa Maistresse luy dit deux fois de demeurer ; il témoigne qu'il n'en veut rien faire, et, si-tost qu'elle luy donne congé avec un peu de froideur, il demeure, et montre, en faisant deux ou trois pas pour s'en aller et en revenant aussitôt, que l'Amour, pendant ce temps, combat contre son Caractère et demeure vainqueur : ce que l'autheur a fait judicieusement, puisque l'Amour surmonte tout. Je trouve encor une chose admirable en cet endroit ; c'est la manière dont les Femmes agissent pour se faire obéir et comme une Femme a le pouvoir de mettre à la raison un Homme comme le Misantrope, qui la vient mesme de quereller, en luy disant : *Je veux que vous demeuriez*, et puis, en changeant de ton : *Vous pouvez vous en aller*. Cependant, cela se fait tous les jours, et l'on ne peut le voir mieux représenté qu'il est dans cette Scène. Après tant de choses si diférentes, et si naturellement touchées et représentées dans l'espace de quatre vers, on void une Scène de conversation, où se rencontrent deux Marquis, l'Amy du Misantrope, et la Cousine de la Maistresse de ce dernier. La jeune Veufve, chez qui toute la Compagnie se trouve, n'est point fâchée d'avoir la Cour chez elle et, comme elle est bien aise d'en avoir, qu'elle est Politique et veut ménager tout le Monde, elle n'avoit pas voulu faire dire qu'elle n'y estoit pas aux deux Marquis, comme le souhaitoit le Misantrope. La conversation est toute aux despens du Prochain, et la Coquette

Médisante fait voir ce qu'elle sçait quand il s'agit de le dauber, et qu'elle est de celles qui déchirent, sous main, jusques à leurs meilleurs Amis.

Cette conversation fait voir que l'Autheur n'est pas épuisé, puis qu'on y parle de vingt Caractères de Gens, qui, sont admirablement bien dépeints en peu de vers chacun, et l'on peut dire que ce sont autant de Sujets de Comédies, que Molière donne, libéralement, à ceux qui s'en voudront servir. Le Misantrope soûtient bien son Caractère pendant cette conversation, et leur parle avec la liberté qui luy est ordinaire. Elle est à peine finie qu'il fait une action digne de luy, en disant aux deux Marquis qu'il ne sortira point qu'ils ne soient sortis, et il le feroit sans doute, puis que les gens de son Caractére ne se démentent jamais, s'il n'estoit obligé de suivre un Garde pour le Diférend qu'il a eu avec Oronte, en condamnant son Sonnet. C'est par où cet Acte finit.

L'ouverture du Troisième se fait par une Scène entre les deux Marquis, qui disent des choses fort convenables à leurs Caractères et qui font voir, par les applaudissemens qu'ils reçoivent, que l'on peut toûjours mettre des Marquis sur la Scéne, tant qu'on leur fera dire quelque chose que les autres n'ayent point encor dit. L'accord, qu'ils font entr'eux de se dire les marques d'estime qu'ils recevront de leur Maistresse, est une adresse de l'Autheur, qui prépare la fin de sa Pièce comme vous remarquerez dans la suite.

Il y a, dans le même Acte, une Scène entre deux Femmes, que l'on trouve d'autant plus belle que leurs Caractères sont tout-à-fait opposez, et se font ainsi paroistre l'un l'autre. L'une est la jeune Veufve, aussi Coquette que Médisante, et l'autre une Femme qui veut passer pour Prude, et qui, dans l'âme, n'est pas moins du Monde que la Coquette. Elle donne à cette dernière des avis charitables sur sa conduite; la Coquette les reçoit fort bien en apparence et luy dit, à son tour, pour la payer de cette obligation, qu'elle veut l'avertir de ce que l'on dit d'elle et luy fait un tableau de la vie des feintes Prudes, dont les couleurs sont aussi fortes que celles que la Prude avoit employées pour luy représenter la vie des Coquettes, et ce qui doit faire trouver cette Scène fort agréable est que celle, qui a parlé la première, se fâche quand l'autre la paye en mesme monoye.

L'on peut asseurer que l'on void dans cette Scène tout ce que l'on peut dire de toutes les Femmes, puis qu'elles sont toutes de l'un ou de l'autre Caractère ; ou que, si elles ont quelque chose de plus ou de moins, ce qu'elles ont a toûjours du rapport à l'un ou à l'autre.

Ces deux Femmes, aprés s'être parlé à cœur ouvert touchant leurs vies, se séparent, et la Coquette laisse la Prude avec le Misantrope, qu'elle void entrer chez elle. Comme la Prude a de l'esprit, et qu'elle n'a choisi ce Caractère que pour mieux faire ses affaires, elle tâche par toutes sortes de voyes d'attirer le Misantrope, qu'elle aime. Elle le louë ; elle parle contre la Coquette, luy veut persuader qu'on le trompe, et l'amène chez elle, pour luy en donner des preuves, ce qui donne sujet à une partie des choses qui se passent au Quatrième Acte.

Cet Acte commence par le récit de l'Accommodement du Misantrope avec l'Homme du Sonnet, et l'Amy de ce premier en entretient la Cousine de la Coquette. Les vers de ce Récit sont tout à fait beaux ; mais ce que l'on y doit remarquer est que le Caractère du Misantrope est soûtenu avec la même vigueur qu'il fait paroistre en ouvrant la Pièce. Ces deux personnes parlent quelque temps des sentimens de leurs cœurs, et sont interrompues par le Misantrope mesme, qui paroist furieux et jalous, et l'Auditeur se persuade aisément, par ce qu'il a vû dans l'autre Acte, que la Prude, avec qui on l'a veu sortir, luy a inspiré ses sentimens. Le dépit luy fait faire ce que tous les Hommes feroient en sa place, de quelque humeur qu'ils fussent. Il offre son cœur à la belle Parente de sa Maistresse ; mais elle lui fait voir que ce n'est que le dépit qui le fait parler, et qu'une coupable aimée est bientost innocente. Ils le laissent avec sa Maistresse, qui paroist, et se retirent.

Je ne croy pas qu'on puisse rien voir de plus beau que cette Scéne. Elle est toute sérieuse, et cependant il y en a peu, dans la Pièce, qui divertissent davantage. On y void un portrait, naturellement représenté, de ce que les Amans font tous les jours en de semblables rencontres. Le Misantrope paroist d'abord aussi emporté que jalous. Il semble que rien ne peut diminuer sa colère et que la pleine justification de sa Maistresse ne pourroit qu'avec peine calmer sa fureur. Cependant, admirez l'adresse de l'Autheur ; ce jalous, cet emporté, ce furieux paroist tout radouci. Il ne parle que du desir qu'il a de faire du bien à sa Maistresse, et ce qui est admirable est qu'il luy dit toutes ces choses avant qu'elle se soit justi-

fiée, et lors qu'elle luy dit qu'il a raison d'estre jaloux. C'est faire voir
ce que peut l'Amour sur le cœur de tous les Hommes, et faire connoistre
en mesme temps, par une adresse que l'on ne peut assez admirer, ce
que peuvent les Femmes sur leurs Amans, en changeant seulement le
ton de leur voix, et prenant un air qui paroist ensemble et fier et attirant.
Pour moy, je ne puis assez m'étonner quand je voy une Coquette ramener, avant que de s'estre justifiée, non pas un Amant soûmis et languissant, mais un Misantrope, et l'obliger, non seulement à la priére de se
justifier, mais encore à des protestations d'Amour, qui n'ont pour but
que le bien de l'objet aimé et, cependant, demeurer ferme, après l'avoir
ramené, et ne le point éclaircir, pour avoir le plaisir de s'applaudir d'un
plein triomphe. Voilà ce qui s'appelle manier des Scénes; voilà ce qui
s'appelle travailler avec art et représenter, avec des traits délicats, ce qui se
passe tous les jours dans le Monde. Je ne croy pas que les beautez de
cette Scéne, soient connuës de tous ceux qui l'ont veuë représenter. Elle
est trop délicatement traitée, mais je puis asseurer que tout le Monde a
remarqué qu'elle estoit bien écrite, et que les Personnes d'Esprit en ont
bien sçeu connoistre les finesses.

Dans le reste de l'Acte, le Valet du Misantrope vient chercher son
Maistre, pour l'avertir qu'on luy est venu signifier quelque chose qui
regarde son procès. Comme l'Esprit paroît aussi-bien dans les petites
choses que dans les grandes, on en void beaucoup dans cette Scéne, puis
que le Valet exerce la patience du Misantrope, et que ce qu'il dit feroit
moins d'effet, s'il estoit à un Maistre qui fût d'une autre humeur.

La Scéne du Valet au Quatrième Acte devoit faire croire que l'on
entendroit bientost parler du Procès. Aussi apprend-on à l'ouverture du
Cinquième, qu'il est perdu, et le Misantrope agit selon que j'ay dit au
Premier. Son chagrin, qui l'oblige à se promener et resver, le fait retirer
dans un coin de la Chambre, où il void aussi-tost entrer sa Maistresse
accompagnée de l'Homme avec qui il a eu demeslé pour le Sonnet. Il la
presse de se déclarer, et de faire un chois entre luy et ses Rivaux, ce qui
donne lieu au Misantrope de faire une action qui est bien d'un Homme de
son Caractère. Il sort de l'endroit où il est, et luy fait la mesme priére. La
Coquette agit toûjours en Femme adroite et spirituelle, et, par un pro-

cédé qui paroist honnête, leur dit qu'elle sçait bien quel chois elle doit faire; qu'elle ne balance pas, mais qu'elle ne veut point se déclarer en présence de celuy qu'elle ne doit pas choisir. Ils sont interrompus par la Prude, et par les Marquis, qui apportent chacun une lettre qu'elle a écrite contr'eux, ce que l'Autheur a préparé dès le Troisiéme Acte, en leur faisant promettre qu'ils se montreroient ce qu'ils recevroient de leur Maistresse. Cette Scéne est fort agréable. Tous les acteurs sont raillez dans les deux lettres et, quoyque cela soit nouveau au Théâtre, il fait voir, néantmoins, la véritable maniére d'agir des Coquettes Médisantes, qui parlent, et écrivent, continuellement contre ceux qu'elles voyent tous les jours, et à qui elles font bonne mine. Les Marquis la quittent, et luy témoignent plus de mépris que de colère.

La Coquette paroît un peu mortifiée dans cette Scéne. Ce n'est pas qu'elle démente son Caractère; mais la surprise de se voir abandonnée, et le chagrin d'apprendre que son jeu est découvert, luy causent un secret dépit, qui paroist jusque sur son visage. Cet endroit est tout-à-fait judicieux. Comme la Médisance est un vice, il estoit nécessaire qu'à la fin de la Comédie elle eût quelque sorte de punition, et l'Autheur a trouvé le moyen de la punir et de luy faire, en mesme temps, soûtenir son Caractère. Il ne faut point d'autres preuves, pour montrer qu'elle le soûtient, que le refus qu'elle fait d'épouser le Misantrope et d'aller vivre dans son désert. Il ne tient qu'à elle de le faire, mais, leurs humeurs estans incompatibles, ils seroient trop mal assortis, et la Coquette peut se corriger en demeurant dans le Monde, sans choisir un désert pour faire pénitence, son crime, qui ne part que d'un esprit encor jeune, ne demandant pas qu'elle en fasse une si grande.

Pour ce qui regarde le Misantrope, on peut dire qu'il soûtient son Caractère jusques au bout. Nous en voyons souvent qui ont bien de la peine à le garder pendant le cours d'une Comédie; mais si, comme j'ai dit tantost, celuy-cy a fait connoistre le sien avant que de parler, il fait voir, en finissant, qu'il le conservera toute sa vie, en se retirant du monde.

Voilà, Monsieur, ce que je pense de la Comédie du Misantrope Amoureux, que je trouve d'autant plus admirable, que le Héros en est le Plaisant sans estre trop Ridicule, et qu'il fait rire les Honnestes Gens sans dire des plaisanteries fades et basses, comme l'on a accoustumé de voir dans les Pièces Comiques. Celles de cette nature me semblent plus divertissantes, encor que l'on y rie moins haut, et je croy qu'elles divertissent davantage, qu'elles attachent, et qu'elles font continuellement rire dans l'âme. Le Misantrope, malgré sa folie, si l'on peut ainsi appeler son humeur, a le Caractère d'un Honnête Homme, et beaucoup de fermeté, comme l'on peut connoistre dans l'affaire du Sonnet. Nous voyons de grands Hommes, dans les Piéces Héroïques, qui en ont bien moins, qui n'ont point de Caractère, et démentent souvent au Théâtre, par leur lâcheté, la bonne opinion que l'Histoire a fait concevoir d'eux.

L'autheur ne représente pas seulement le Misantrope sous ce Caractère; mais il fait encore parler à son Héros d'une partie des mœurs du Temps, et ce qui est admirable, c'est que, bien qu'il paroisse en quelque façon Ridicule, il dit des choses fort justes. Il est vray qu'il semble trop exiger; mais il faut demander beaucoup pour obtenir quelque chose et, pour obliger les Hommes à se corriger un peu de leurs défauts, il est nécessaire de les leur faire paroistre bien grands.

Molière, par une adresse qui lui est particulière, laisse par tout deviner plus qu'il ne dit et n'imite pas ceux qui parlent beaucoup, et ne disent rien.

On peut asseurer que cette Pièce est une perpétuelle et divertissante instruction; qu'il y a des tours et des délicatesses inimitables; que les vers en sont fort beaux, au sentiment de tout le Monde; les Scènes bien tournées et bien maniées; et que l'on ne peut ne la pas trouver bonne sans faire voir que l'on n'est pas de ce Monde, et que l'on ignore la manière de vivre de la Cour, et celle des plus illustres Personnes de la Ville.

Il n'y a rien dans cette Comédie qui ne puisse être utile, et dont l'on ne doive profiter. L'Amy du Misantrope est si raisonnable que tout le Monde devroit l'imiter. Il n'est ny trop ny trop peu critique et, ne portant les choses dans l'un ni dans l'autre excès, sa conduite doit être approuvée de tout le Monde. Pour le Misantrope, il doit inspirer à tous ses semblables le desir de se corriger. Les Coquettes Médisantes, par l'exemple de Célimène, voyant qu'elles peuvent s'attirer des affaires qui les feront mépriser, doivent apprendre à ne pas déchirer sous main leurs meilleurs amis. Les fausses Prudes doivent connoistre que leurs grimaces ne servent de rien et que, quand elles seroient aussi sages qu'elles le veulent paroistre, elles seront toûjours blâmées tant qu'elles voudront passer pour Prudes. Je ne dis rien des Marquis ; je les croy les plus incorrigibles, et il y a tant de choses à reprendre encor en eux que tout le Monde avouë qu'on les peut encor joüer long-temps, bien qu'ils n'en demeurent pas d'accord.

Vous trouverez, sans doute, ma Lettre trop longue, mais je n'ay pû m'arrêter, et j'ay trouvé qu'il étoit difficile de parler sur un grand sujet en peu de mots. Ce long Discours ne devroit pas déplaire aux Courtisans, puisqu'ils ont assez fait voir, par leurs applaudissemens, qu'ils trouvoient la Comédie belle. En tout cas, je n'ay écrit que pour vous, et j'espère que vous cacherez cecy, si vous jugez qu'il ne vaille pas la peine d'être montré. Ne craignez pas que j'y trouve à redire ; je suis autrement soûmis à vôtre jugement qu'Oronte ne l'estoit aux avis du Misantrope.

Extrait du Privilège du Roy.

Par grâce et Privilège du Roy, donné à Fontainebleau, le 21 Juin 1666, signé : « Par le Roy [en son] Conseil : *Béraud* », il est permis à J.-B. P. DE MOLIÈRE, Comédien de la Troupe de Monsieur le Duc d'Orléans, de faire imprimer, vendre et débiter une Comédie par luy composée, intitulée : *Le Misantrope*, pendant cinq années, et défenses sont faites à tous autres de l'imprimer, ny vendre d'autre édition que de celle de l'Exposant, ou de ceux qui auront droict de luy, à peine de quinze cens livres d'amende; confiscation des exemplaires contrefaits, et de tous despens, dommages et intérests, comme il est porté plus amplement par lesdites Lettres.

Et ledit Sieur DE MOLIÈRE a cédé son droict de Privilège à Jean Ribou, Marchand Libraire à Paris, pour en jouir suivant l'accord-fait entr'eux.

Registré sur le Livre de la Communauté.

Signé : PIGET, Syndic.

Achevé d'imprimer pour la première fois le 24 Décembre 1666.

ALCESTE, Amant de Célimène.

PHILINTE, Ami d'Alceste.

ORONTE, Amant de Célimène.

CÉLIMÈNE, Amante d'Alceste.

ÉLIANE, Cousine de Célimène.

ACASTE,

CLITANDRE, | Marquis.

BASQUE, Valet de Célimène,

Un Garde de la Mareschaussée de France.

DU BOIS, Valet d'Alceste.

La Scène est à Paris.

JACQUES LEMAN

LE MISANTROPE

COMEDIE

MDCLXVI

ACTE PREMIER

SCÈNE PREMIÈRE

PHILINTE, ALCESTE

PHILINTE

U'EST-CE donc ? Qu'avez-vous ?

ALCESTE

Laissez-moy, je vous prie.

PHILINTE

Mais encor, dites-moy, quelle bizarrerie...

ALCESTE

Laissez-moy là, vous dis-je, et courez vous cacher.

XVI.   3

PHILINTE

Mais on entend les gens, au moins, sans se fâcher.

ALCESTE

Moy, je veux me fâcher, et ne veux point entendre.

PHILINTE

Dans vos brusques chagrins je ne puis vous comprendre;
Et, quoique amis, enfin, je suis tout des premiers...

ALCESTE

Moy, vostre amy? Rayez cela de vos papiers.
J'ay fait, jusques icy, profession de l'estre,
Mais, après ce qu'en vous je viens de voir parestre,
Je vous déclare net que je ne le suis plus,
Et ne veux nulle place en des cœurs corrompus.

PHILINTE

Je suis donc bien coupable, Alceste, à vostre conte?

ALCESTE

Allez, vous devriez mourir de pure honte;
Une telle action ne sçauroit s'excuser,
Et tout Homme d'honneur s'en doit scandaliser.
Je vous vois accabler un Homme de caresses,
Et témoigner pour luy les dernières tendresses;
De protestations, d'offres, et de sermens,
Vous chargez la fureur de vos embrassemens,

Et, quand je vous demande, après, quel est cet Homme,
A peine pouvez-vous dire comme il se nomme;
Vostre chaleur pour luy tombe en vous séparant,
Et vous me le traitez, à moy, d'indiférent.
Morbleu, c'est une chose indigne, lâche, infâme,
De s'abaisser ainsi jusqu'à trahir son âme,
Et si, par un malheur, j'en avois fait autant,
Je m'irois, de regret, pendre tout à l'instant.

PHILINTE

Je ne vois pas, pour moy, que le cas soit pendable,
Et je vous supliray d'avoir pour agréable
Que je me fasse un peu grâce sur vostre Arrest,
Et ne me pende pas pour cela, s'il vous plaist.

ALCESTE

Que la plaisanterie est de mauvaise grâce!

PHILINTE

Mais, sérieusement, que voulez-vous qu'on fasse?

ALCESTE

Je veux qu'on soit sincère, et qu'en Homme d'honneur
On ne lâche aucun mot qui ne parte du cœur.

PHILINTE

Lorsqu'un Homme vous vient embrasser avec joye,
Il faut bien le payer de la mesme monnoye,

Répondre, comme on peut, à ses empressemens,
Et rendre offre pour offre, et sermens pour sermens.

ALCESTE

Non, je ne puis souffrir cette lâche méthode
Qu'affectent la pluspart de vos Gens à la mode;
Et je ne hay rien tant que les contorsions
De tous ces grands Faiseurs de protestations,
Ces affables Donneurs d'embrassades frivoles,
Ces obligeans Diseurs d'inutiles paroles,
Qui de civilitez, avec tous, font combat
Et traitent du mesme air l'honneste Homme et le Fat.
Quel avantage a-t-on qu'un homme vous caresse,
Vous jure amitié, foy, zèle, estime, tendresse,
Et vous fasse de vous un éloge éclatant,
Lors qu'au premier Faquin il court en faire autant ?
Non, non, il n'est point d'âme un peu bien située
Qui veuille d'une estime ainsi prostituée,
Et la plus glorieuse a des régals peu chers
Dès qu'on voit qu'on nous mesle avec tout l'Univers;
Sur quelque préférence une estime se fonde,
Et c'est n'estimer rien qu'estimer tout le monde.
Puisque vous y donnez, dans ces vices du Temps,
Morbleu, vous n'estes pas pour estre de mes Gens;
Je refuse d'un cœur la vaste complaisance,
· Qui ne fait de mérite aucune différence ;

Je veux qu'on me distingue, et, pour le trancher net,
L'Amy du Genre Humain n'est point du tout mon fait.

PHILINTE

Mais, quand on est du Monde, il faut bien que l'on rende
Quelques dehors civils, que l'usage demande.

ALCESTE

Non, vous dis-je. On devroit châtier, sans pitié,
Ce commerce honteux de semblans d'amitié.
Je veux que l'on soit Homme, et qu'en toute rencontre,
Le fond de nostre cœur dans nos discours se montre,
Que ce soit luy qui parle, et que nos sentimens
Ne se masquent jamais sous de vains complimens.

PHILINTE

Il est bien des endroits où la pleine franchise
Deviendroit ridicule et seroit peu permise,
Et par fois, n'en déplaise à votre austère honneur,
Il est bon de cacher ce qu'on a dans le cœur.
Seroit-il à propos, et de la bienséance,
De dire à mille Gens tout ce que d'eux on pense ?
Et, quand on a quelqu'un qu'on hait, ou qui déplaist,
Luy doit-on déclarer la chose comme elle est ?

ALCESTE

Ouy.

PHILINTE

Quoy, vous iriez dire à la vieille Émilie

Qu'à son âge il sied mal de faire la jolie,
Et que le blanc qu'elle a scandalise chacun ?

ALCESTE

Sans doute.

PHILINTE

A Dorilas, qu'il est trop importun ;
Et qu'il n'est, à la Cour, oreille qu'il ne lasse
A conter sa bravoure, et l'éclat de sa Race ?

ALCESTE

Fort bien.

PHILINTE

Vous vous moquez.

ALCESTE

Je ne me moque point,
Et je vais n'épargner personne sur ce poinct.
Mes yeux sont trop blessés, et la Cour et la Ville
Ne m'offrent rien qu'objets à m'échaufer la bile ;
J'entre en une humeur noire, en un chagrin profond,
Quand je vois vivre entr'eux les Hommes comme ils font ;
Je ne trouve partout que lâche flaterie,
Qu'injustice, intérest, trahison, fourberie ;
Je n'y puis plus tenir, j'enrage, et mon dessein
Est de rompre en visière à tout le Genre Humain.

PHILINTE

Ce chagrin philosophe est un peu trop sauvage.

Je ris des noirs accès où je vous envisage,
Et crois voir, en nous deux, sous mêmes soins nourris,
Les deux Frères que peint l'*École des Maris*,
Dont...

ALCESTE

Mon Dieu, laissons là vos comparaisons fades.

PHILINTE

Non, tout de bon, quittez toutes ces incartades.
Le Monde par vos soins ne se changera pas.
Et, puis que la franchise a pour vous tant d'appas,
Je vous diray, tout franc, que cette maladie,
Partout où vous allez, donne la Comédie ;
Et qu'un si grand courroux contre les mœurs du Temps
Vous tourne en Ridicule auprès de bien des Gens.

ALCESTE

Tant mieux, morbleu, tant mieux ! C'est ce que je demande ;
Ce m'est un fort bon signe, et ma joye en est grande.
Tous les hommes me sont à tel poinct odieux,
Que je serois fâché d'estre sage à leurs yeux.

PHILINTE

Vous voulez un grand mal à la Nature Humaine.

ALCESTE

Ouy ; j'ay conçeu pour elle une effroyable haine.

PHILINTE

Tous les pauvres Mortels, sans nulle exception,
Seront envelopez dans cette aversion ?
Encore en est-il bien, dans le Siècle où nous sommes...

ALCESTE

Non, elle est générale, et je hais tous les Hommes :
Les uns, parce qu'ils sont méchans, et mal-faisans,
Et les autres, pour estre aux Méchans complaisans,
Et n'avoir pas, pour eux, ces haines vigoureuses
Que doit donner le vice aux âmes vertueuses.
De cette complaisance on voit l'injuste excès
Pour le franc scélérat avec qui j'ay procès.
Au travers de son masque, on voit à plein le traître ;
Par tout, il est connu pour tout ce qu'il peut estre,
Et ses roulemens d'yeux, et son ton radoucy,
N'imposent qu'à des Gens qui ne sont point d'icy.
On sait que ce pié-plat, digne qu'on le confonde,
Par de sales emplois s'est poussé dans le Monde,
Et que par eux son sort, de splendeur revêtu,
Fait gronder le Mérite, et rougir la Vertu.
Quelques titres honteux qu'en tous lieux on luy donne,
Son misérable honneur ne voit pour luy personne ;
Nommez-le fourbe, infâme, et scélérat maudit,
Tout le Monde en convient, et nul n'y contredit.
Cependant sa grimace est, par tout, bienvenue ;

On l'accueille, on lui rit, par tout il s'insinue,
Et s'il est, par la brigue, un rang à disputer,
Sur le plus honneste Homme on le voit l'emporter.
Testebleu, ce me sont de mortelles blessures,
De voir qu'avec le Vice on garde des mesures,
Et par fois il me prend des mouvements soudains
De fuir, dans un Désert, l'approche des Humains.

PHILINTE

Mon Dieu, des mœurs du Temps mettons-nous moins en peine,
Et faisons un peu grâce à la Nature humaine;
Ne l'examinons point dans la grande rigueur,
Et voyons ses défauts avec quelque douceur.
Il faut, parmy le Monde, une vertu traitable;
A force de sagesse on peut estre blâmable;
La parfaite Raison fuit toute extrémité,
Et veut que l'on soit sage avec sobriété.
Cette grande roideur des vertus des vieux âges
Heurte trop notre Siècle et les communs usages;
Elle veut aux Mortels trop de perfection.
Il faut fléchir au Temps, sans obstination,
Et c'est une folie à nulle autre seconde
De vouloir se mesler de corriger le Monde.
J'observe, comme vous, cent choses, tous les jours,
Qui pourroient mieux aller, prenant un autre cours;
Mais, quoy qu'à chaque pas je puisse voir parestre,

XVI.   4

En courroux, comme vous, on ne me voit point estre.
Je prens tout doucement les Hommes comme ils sont ;
J'accoûtume mon âme à souffrir ce qu'ils font,
Et je crois qu'à la Cour, de mesme qu'à la Ville,
Mon flegme est philosophe, autant que votre bile.

ALCESTE

Mais ce flegme, Monsieur, qui raisonne si bien,
Ce flegme pourra-t-il ne s'échaufer de rien,
Et, s'il faut, par hasard, qu'un amy vous trahisse,
Que, pour avoir vos biens, on dresse un artifice,
Ou qu'on tâche à semer de méchans bruits de vous,
Verrez-vous tout cela sans vous mettre en courroux ?

PHILINTE

Ouy. Je vois ces défauts, dont vostre âme murmure,
Comme vices unis à l'Humaine Nature,
Et mon esprit, enfin, n'est pas plus offensé
De voir un Homme fourbe, injuste, intéressé,
Que de voir des Vautours affamez de carnage,
Des Singes mal faisans, et des Loups pleins de rage.

ALCESTE

Je me verray trahir, mettre en pièces, voler,
Sans que je sois... Morbleu, je ne veux point parler,
Tant ce raisonnement est plein d'impertinence.

PHILINTE

Ma foy, vous ferez bien de garder le silence.

Contre vostre Partie éclatez un peu moins,
Et donnez au Procès une part de vos soins.

ALCESTE

Je n'en donneray point; c'est une chose dite.

PHILINTE

Mais qui voulez-vous donc qui pour vous sollicite?

ALCESTE

Qui je veux? La raison, mon bon droict, l'équité.

PHILINTE

Aucun Juge par vous ne sera visité?

ALCESTE

Non. Est-ce que ma cause est injuste, ou douteuse?

PHILINTE

J'en demeure d'accord, mais la brigue est fâcheuse,
Et...

ALCESTE

Non. J'ay résolu de n'en pas faire un pas.
J'ay tort, ou j'ay raison.

PHILINTE

Ne vous y fiez pas.

ALCESTE

Je ne remûray point.

PHILINTE

Vostre Partie est forte,
Et peut, par sa Cabale, entraîner...

ALCESTE

Il n'importe.

PHILINTE

Vous vous tromperez.

ALCESTE

Soit. J'en veux voir le succès.

PHILINTE

Mais...

ALCESTE

J'auray le plaisir de perdre mon Procès.

PHILINTE

Mais enfin...

ALCESTE

Je verray, dans cette Plaiderie,
Si les Hommes auront assez d'éfronterie,
Seront assez méchans, scélérats, et pervers,
Pour me faire injustice aux yeux de l'Univers.

PHILINTE

Quel Homme !

ALCESTE

    Je voudrois, m'en coutast-il grand'chose,
Pour la beauté du fait, avoir perdu ma Cause.

PHILINTE

On se riroit de vous, Alceste, tout de bon.
Si l'on vous entendoit parler de la façon.

ALCESTE

Tant pis pour qui riroit.

PHILINTE

    Mais cette rectitude
Que vous voulez, en tout, avec exactitude,
Cette pleine droiture, où vous vous renfermez,
La trouvez-vous, icy, dans ce que vous aimez ?
Je m'étonne, pour moy, qu'estant, comme il le semble,
Vous, et le Genre Humain, si fort brouillez ensemble,
Malgré tout ce qui peut vous le rendre odieux,
Vous ayez pris chez luy ce qui charme vos yeux,
Et, ce qui me surprend encore davantage,
C'est cet étrange choix où vostre cœur s'engage.
La sincère Eliante a du penchant pour vous,
La Prude Arsinoé vous voit d'un œil fort doux ;
Cependant, à leurs vœux vostre âme se refuse,
Tandis qu'en ses liens Célimène l'amuse,
De qui l'humeur coquette et l'esprit médisant
Semblent si fort donner dans les mœurs d'à présent.

D'où vient que, leur portant une haine mortelle,
Vous pouvez bien souffrir ce qu'en tient cette Belle ?
Ne sont-ce plus défauts dans un objet si doux ?
Ne les voyez-vous pas ? Ou les excusez-vous ?

ALCESTE

Non. L'amour que je sens pour cette jeune Veuve
Ne ferme point mes yeux aux défauts qu'on luy treuve,
Et je suis, quelque ardeur qu'elle m'ait pû donner,
Le premier à les voir, comme à les condamner.
Mais, avec tout cela, quoique je puisse faire,
Je confesse mon foible, elle a l'art de me plaire ;
J'ay beau voir ses défauts, et j'ay beau l'en blâmer,
En dépit qu'on en ait, elle se fait aymer,
Sa grâce est la plus forte, et sans doute ma flâme,
De ces vices du Temps pourra purger son âme.

PHILINTE

Si vous faites cela, vous ne ferez pas peu.
Vous croyez estre, donc, aimé d'elle ?

ALCESTE

                                Ouy, parbleu !
Je ne l'aimerois pas, si je ne croyois l'estre.

PHILINTE

Mais, si son amitié pour vous se fait parestre,
D'où vient que vos Rivaux vous causent de l'ennuy ?

ALCESTE

C'est qu'un cœur bien atteint veut qu'on soit tout à luy,
Et je ne viens icy qu'à dessein de luy dire
Tout ce que là-dessus ma passion m'inspire. •

PHILINTE

Pour moy, si je n'avois qu'à former des desirs,
Sa Cousine Eliante auroit tous mes soupirs ;
Son cœur, qui vous estime, est solide et sincère,
Et ce chois, plus conforme, estoit mieux vostre affaire.

ALCESTE

Il est vray, ma Raison me le dit chaque jour ;
Mais la Raison n'est pas ce qui règle l'Amour.

PHILINTE

Je crains fort pour vos feux, et l'espoir où vous estes
Pourroit...

SCÈNE II

ORONTE, ALCESTE, PHILINTE

ORONTE

J'ay sçeu là-bas que, pour quelques emplettes,
Eliante est sortie, et Célimène aussy.

Mais, comme l'on m'a dit que vous estiez icy,
J'ay monté, pour vous dire, et d'un cœur véritable,
Que j'ay conçeu pour vous une estime incroyable,
Et que, depuis long-temps, cette estime m'a mis
Dans un ardent desir d'estre de vos Amis.
Ouy, mon cœur au mérite aime à rendre justice,
Et je brûle qu'un nœud d'amitié nous unisse;
Je crois qu'un amy chaud, et de ma Qualité,
N'est pas, asseurément, pour estre rejeté.
— C'est à vous, s'il vous plaist, que ce discours s'adresse.

En cet endroit Alceste parêt tout rêveur, et semble n'entendre pas qu'Oronte luy parle.

ALCESTE

A moy, Monsieur?

ORONTE

A vous. Trouvez-vous qu'il vous blesse?

ALCESTE

Non pas. Mais la surprise est fort grande pour moy,
Et je n'attendois pas l'honneur que je reçoy.

ORONTE

L'estime où je vous tiens ne doit point vous surprendre,
Et de tout l'Univers vous la pouvez prétendre.

ALCESTE

Monsieur...

ORONTE

L'Estat n'a rien qui ne soit au-dessous

Du mérite éclatant que l'on découvre en vous.

ALCESTE

Monsieur...

ORONTE

Ouy; de ma part, je vous tiens préférable
A tout ce que j'y vois de plus considérable.

ALCESTE

Monsieur...

ORONTE

Sois-je du Ciel écrasé, si je mens !
Et, pour vous confirmer icy mes sentimens,
Souffrez qu'à cœur ouvert, Monsieur, je vous embrasse,
Et qu'en vostre amitié je vous demande place.
Touchez là, s'il vous plaist. Vous me la promettez,
Vostre amitié ?

ALCESTE

Monsieur...

ORONTE

Quoy! Vous y résistez ?

ALCESTE

Monsieur, c'est trop d'honneur que vous me voulez faire;
Mais l'amitié demande un peu plus de mystère,
Et c'est, asseurément, en profaner le nom
Que de vouloir le mettre à toute occasion.
Avec lumière et chois cette union veut naistre;

XVI. 5

Avant que nous lier, il faut nous mieux connaistre,
Et nous pourrions avoir telles complexions
Que, tous deux, du marché nous nous repentirions.

ORONTE

Parbleu, c'est là-dessus parler en Homme sage,
Et je vous en estime encore davantage.
Souffrons donc que le temps forme des nœuds si doux ;
Mais, cependant, je m'offre entièrement à vous.
S'il faut faire à la Cour, pour vous, quelque ouverture,
On sçait qu'auprès du Roy je fais quelque figure ;
Il m'écoute, et dans tout il en use, ma foy,
Le plus honnestement du monde avecque moy.
Enfin, je suis à vous de toutes les manières ;
Et, comme vostre esprit a de grandes lumières,
Je viens, pour commencer entre nous ce beau nœud,
Vous montrer un Sonnet, que j'ay fait depuis peu,
Et sçavoir s'il est bon qu'au Public je l'expose.

ALCESTE

Monsieur, je suis mal propre à décider la chose ;
Veuillez m'en dispenser.

ORONTE

Pourquoy ?

ALCESTE

J'ay le défaut
D'estre un peu plus sincère, en cela, qu'il ne faut.

ORONTE

C'est ce que je demande, et j'aurois lieu de plainte
Si, m'exposant à vous pour me parler sans feinte,
Vous alliez me trahir, et me déguiser rien. ,

ALCESTE

Puisqu'il vous plaist ainsi, Monsieur, je le veux bien.

ORONTE

Sonnet... C'est un Sonnet. *L'espoir...* C'est une Dame
Qui de quelque espérance avoit flatté ma flamme.
L'espoir... Ce ne sont point de ces grands vers pompeux,
Mais de petits vers doux, tendres, et langoureux.

A toutes ces interruptions il regarde Alceste.

ALCESTE

Nous verrons bien.

ORONTE

                    L'espoir... Je ne sais si le stile
Pourra vous en paroistre assez net, et facile,
Et si du chois des mots vous vous contenterez.

ALCESTE

Nous allons voir, Monsieur.

ORONTE

                              Au reste, vous sçaurez
Que je n'ay demeuré qu'un quart d'heure à le faire.

ALCESTE

Voyons, Monsieur; le temps ne fait rien à l'affaire.

ORONTE

L'espoir, il est vray, nous soulage,
Et nous berce un temps nostre ennuy ;
Mais, Philis, le triste avantage,
Lors que rien ne marche après luy !

PHILINTE

Je suis déjà charmé de ce petit morceau.

ALCESTE

Quoy ! Vous avez le front de trouver cela beau ?

ORONTE

Vous eustes de la complaisance,
Mais vous en deviez moins avoir,
Et ne pas vous mettre en dépense,
Pour ne me donner que l'espoir.

PHILINTE

Ah, qu'en termes galans ces choses-là sont mises !

ALCESTE

Morbleu, vil complaisant, vous louez des sottises ?

ORONTE

S'il faut qu'une attente éternelle
Pousse à bout l'ardeur de mon zèle,
Le trépas sera mon recours.

Vos soins ne m'en peuvent distraire;
Belle Philis, on désespère,
Alors qu'on espère toujours.

PHILINTE

La chute en est jolie, amoureuse, admirable.

ALCESTE, *bas.*

La peste de ta chûte ! Empoisonneur au Diable,
En eusses-tu fait une à te casser le nez !

PHILINTE

Je n'ay jamais ouy des vers si bien tournés.

ALCESTE

Morbleu !

ORONTE

Vous me flatez, et vous croyez, peut-estre...

PHILINTE

Non, je ne flate point.

ALCESTE, *bas.*

Et que fais-tu donc, traistre ?

ORONTE

Mais, pour vous, vous savez quel est nostre Traité ;
Parlez-moy, je vous prie, avec sincérité.

ALCESTE

Monsieur, cette matière est toûjours délicate,
Et sur le bel esprit nous aimons qu'on nous flate.
Mais, un jour, à quelqu'un, dont je tairay le nom,
Je disois, en voyant des vers de sa façon,
Qu'il faut qu'un galant Homme ait toujours grand empire
Sur les démangeaisons qui nous prenent d'écrire ;
Qu'il doit tenir la bride aux grands empressemens
Qu'on a de faire éclat de tels amusements,
Et que, par la chaleur de montrer ses Ouvrages,
On s'expose à jouer de mauvais Personnages.

ORONTE

Est-ce que vous voulez me déclarer, par là,
Que j'ay tort de vouloir...

ALCESTE

                    Je ne dis pas cela.
Mais je lui disois, moy, qu'un froid écrit assomme.
Qu'il ne faut que ce foible à décrier un Homme ;
Et qu'eût-on, d'autre part, cent belles qualitez,
On regarde les Gens par leurs méchans costez.

ORONTE

Est-ce qu'à mon Sonnet vous trouvez à redire ?

ALCESTE

Je ne dis pas cela. Mais, pour ne point écrire,

Je luy mettois aux yeux comme, dans nostre Temps,
Cette soif a gasté de fort Honnestes Gens.

ORONTE

Est-ce que j'écris mal, et leur ressemblerois-je'?

ALCESTE

Je ne dis pas cela. Mais enfin, luy disois-je,
Quel besoin si pressant avez-vous de rimer,
Et qui, diantre, vous pousse à vous faire imprimer ?
Si l'on peut pardonner l'essor d'un mauvais Livre,
Ce n'est qu'aux malheureux, qui composent pour vivre.
Croyez-moy, résistez à vos tentations ;
Dérobez au Public ces occupations,
Et n'allez point quitter, de quoy que l'on vous somme,
Le nom que dans la Cour vous avez d'Honneste Homme,
Pour prendre, de la main d'un avide Imprimeur,
Celuy de ridicule et misérable Auteur.
C'est ce que je tâchay de luy faire comprendre.

ORONTE

Voilà qui va fort bien, et je croy vous entendre.
Mais ne puis-je sçavoir ce que dans mon Sonnet...

ALCESTE

Franchement, il est bon à mettre au cabinet.
Vous vous estes réglé sur de méchants modèles,
Et vos expressions ne sont point naturelles.

Qu'est-ce que *Nous berce un temps nostre ennuy ?*
    Et que *Rien ne marche après luy ;*
    Que *Ne vous pas mettre en dépense*
    Pour ne me donner que l'espoir ;
    Et que *Philis, on désespère*
    Alors qu'on espère toujours?

Ce stile figuré, dont on fait vanité.
Sort du bon caractère et de la vérité ;
Ce n'est que jeu de mots, qu'affectation pure,
Et ce n'est point ainsi que parle la Nature.
Le méchant goust du Siècle en cela me fait peur ;
Nos pères, tout grossiers, l'avoient beaucoup meilleur,
Et je prise bien moins tout ce que l'on admire
Qu'une vieille chanson, que je m'en vais vous dire :

        Si le Roy m'avoit donné
          Paris, sa grand'Ville,
       Et qu'il me fallût quitter
          L'amour de ma Mie,
       Je dirois au Roy Henry :
       « *Reprenez vostre Paris ;*
       J'aime mieux ma Mie, ô gai !
       J'aime mieux ma Mie. »

La rime n'est pas riche, et le stile en est vieux,
Mais ne voyez-vous pas que cela vaut bien mieux

Que ces colifichets dont le bon sens murmure,
Et que la passion parle là toute pure ?

> *Si le Roy m'avoit donné*
> *Paris, sa grand'Ville,*
> *Et qu'il me fallût quitter*
> *L'amour de ma Mie,*
> *Je dirois au Roy Henry :*
> *« Reprenez vostre Paris;*
> *J'aime mieux ma Mie, ô gai!*
> *J'aime mieux ma Mie. »*

Voilà ce que peut dire un cœur vrayment épris.
— Ouy, Monsieur le rieur, malgré vos Beaux-esprits,
J'estime plus cela que la pompe fleurie
　　A Oronte :
De tous ces faux brillans, où chacun se récrie.

ORONTE

Et moy, je vous soutiens que mes vers sont fort bons.

ALCESTE

Pour les trouver ainsi, vous avez vos raisons;
Mais vous trouverez bon que j'en puisse avoir d'autres,
Qui se dispenseront de se soumettre aux vôtres.

ORONTE

Il me suffit de voir que d'autres en font cas.
XVI.　　　　　　　　　　　　　　　　　　6

ALCESTE

C'est qu'ils ont l'air de feindre, et moy, je ne l'ay pas.

ORONTE

Croyez-vous donc avoir tant d'esprit en partage ?

ALCESTE

Si je louois vos vers, j'en aurois davantage.

ORONTE

Je me passeray bien que vous les approuviez.

ALCESTE

Il faut bien, s'il vous plaist, que vous vous en passiez.

ORONTE

Je voudrois bien, pour voir, que, de vostre manière,
Vous en composassiez sur la mesme matière.

ALCESTE

J'en pourrois, par malheur, faire d'aussi méchans ;
Mais je me garderois de les montrer aux Gens.

ORONTE

Vous me parlez bien ferme, et cette suffisance...

ALCESTE

Autre part que chez moy cherchez qui vous encense.

ORONTE

Mais, mon petit Monsieur, prenez-le un peu moins haut.

ALCESTE

Ma foy, mon grand Monsieur, je le prens comme il faut.

PHILINTE
se mettant entre deux.

Eh, Messieurs, c'en est trop. Laissez cela, de grâce.

ORONTE

Ah, j'ay tort, je l'avoue, et je quitte la place.
Je suis vostre Valet, Monsieur, de tout mon cœur.

ALCESTE

Et moy, je suis, Monsieur, vostre humble serviteur.

SCÈNE III

PHILINTE, ALCESTE

PHILINTE

Hé bien, vous le voyez. Pour estre trop sincère,
Vous voilà sur les bras une fâcheuse affaire,
Et j'ay bien veu qu'Oronte, afin d'estre flaté...

ALCESTE

Ne me parlez pas.

PHILINTE

Mais...

ALCESTE

Plus de société.

PHILINTE

C'est trop...

ALCESTE

Laissez-moy là.

PHILINTE

Si je...

ALCESTE

Point de langage.

PHILINTE

Mais quoy...

ALCESTE

Je n'entens rien.

PHILINTE

Mais...

ALCESTE

Encor.

PHILINTE

On outrage...

ALCESTE

Ah, parbleu, c'en est trop. Ne suivez point mes pas.

PHILINTE

Vous vous moquez de moy; je ne vous quitte pas.

ACTE DEUXIÈME

SCÈNE PREMIÈRE

ALCESTE, CÉLIMÈNE

ALCESTE

ADAME, voulez-vous que je
    vous parle net?
De vos façons d'agir je suis
    mal satisfait;
Contre elles, dans mon cœur,
    trop de bile s'assemble,
Et je sens qu'il faudra que
    nous rompions ensemble.
Ouy, je vous tromperois de parler autrement;
Tost, ou tard, nous romprons, indubitablement,

Et je vous promettrois, mille fois, le contraire
Que je ne serois pas en pouvoir de le faire.

CÉLIMÈNE

C'est pour me quereller, donc, à ce que je voy,
Que vous avez voulu me ramener chez moy ?

ALCESTE

Je ne querelle point. Mais vostre humeur, Madame,
Ouvre au premier venu trop d'accès dans vostre âme;
Vous avez trop d'Amans, qu'on voit vous obséder,
Et mon cœur de cela ne peut s'accommoder.

CÉLIMÈNE

Des Amans que je fais me rendez-vous coupable ?
Puis-je empescher les gens de me trouver aimable,
Et lors que, pour me voir, ils font de doux efforts,
Dois-je prendre un baston pour les mettre dehors ?

ALCESTE

Non, ce n'est pas, Madame, un baston qu'il faut prendre,
Mais un cœur à leurs vœux moins facile et moins tendre.
Je sçay que vos appas vous suivent en tous lieux,
Mais vostre accueil retient ceux qu'attirent vos yeux,
Et sa douceur, offerte à qui vous rend les armes,
Achève sur les cœurs l'ouvrage de vos charmes.
Le trop riant espoir, que vous leur présentez,

Attache autour de vous leurs assiduitez ;
Et vostre complaisance, un peu moins étendue,
De tant de soupirans chasseroit la cohue.
Mais, au moins, dites-moy, Madame, par quel sort
Vostre Clitandre a l'heur de vous plaire si fort ?
Sur quel fonds de mérite, et de vertu sublime,
Appuyez-vous, en luy, l'honneur de vostre estime ?
Est-ce par l'ongle long qu'il porte au petit doigt
Qu'il s'est acquis, chez vous, l'estime où l'on le voit ?
Vous êtes-vous rendue, avec tout le beau Monde,
Au mérite éclatant de sa perruque blonde ?
Sont-ce ses grands canons qui vous le font aimer ?
L'amas de ses rubans a-t-il sçeu vous charmer ?
Est-ce par les appas de sa vaste reingrave
Qu'il a gagné vostre âme, en faisant vostre Esclave ?
Ou sa façon de rire, et son ton de faucet,
Ont-ils de vous toucher sçeu trouver le secret ?

CÉLIMÈNE

Qu'injustement de luy vous prenez de l'ombrage !
Ne savez-vous pas bien pourquoy je le ménage,
Et que dans mon procès, ainsi qu'il m'a promis,
Il peut intéresser tout ce qu'il a d'amis ?

ALCESTE

Perdez vostre procès, Madame, avec constance,
Et ne ménagez point un Rival qui m'offence.
XVI.   7

CÉLIMÈNE

Mais de tout l'Univers vous devenez jaloux !

ALCESTE

C'est que tout l'Univers est bien reçeu de vous.

CÉLIMÈNE

C'est ce qui doit rasseoir vostre âme effarouchée,
Puis que ma complaisance est sur tous épanchée ;
Et vous auriez plus lieu de vous en offencer
Si vous me la voyiez, sur un seul, ramasser.

ALCESTE

Mais, moy, que vous blâmez de trop de jalousie,
Qu'ay-je de plus qu'eux tous, Madame, je vous prie ?

CÉLIMÈNE

Le bonheur de sçavoir que vous estes aimé.

ALCESTE

Et quel lieu de le croire a mon cœur enflammé ?

CÉLIMÈNE

Je pense qu'ayant pris le soin de vous le dire,
Un aveu de la sorte a de quoy vous suffire.

ALCESTE

Mais qui m'assurera que, dans le mesme instant,
Vous n'en disiez, peut-estre, aux autres tout autant ?

CÉLIMÈNE

Certes, pour un Amant, la fleurette est mignonne,
Et vous me traitez là de gentille personne.
Hé bien, pour vous oster d'un semblable soucy,
De tout ce que j'ay dit je me dédis icy,
Et rien ne sçauroit plus vous tromper que vous-même ;
Soyez content.

ALCESTE

Morbleu, faut-il que je vous aime !
Ah, que si de vos mains je ratrape mon cœur,
Je béniray le Ciel de ce rare bonheur !
Je ne le cèle pas, je fais tout mon possible
A rompre de ce cœur l'attachement terrible ;
Mais mes plus grands éforts n'ont rien fait jusqu'icy,
Et c'est pour mes péchez que je vous aime ainsi.

CÉLIMÈNE

Il est vray ; vostre ardeur est pour moy sans seconde.

ALCESTE

Ouy, je puis, là-dessus, défier tout le Monde.
Mon amour ne se peut concevoir, et jamais
Personne n'a, Madame, aimé comme je fais.

CÉLIMÈNE

En effet, la méthode en est toute nouvelle,
Car vous aimez les gens pour leur faire querelle ;

Ce n'est qu'en mots fâcheux qu'éclate vostre ardeur,
Et l'on n'a veu jamais un Amant si grondeur.

ALCESTE

Mais il ne tient qu'à vous que son chagrin ne passe.
A tous nos démeslez coupons chemin, de grâce ;
Parlons à cœur ouvert, et voyons d'arrester...

SCÈNE II

CÉLIMÈNE, ALCESTE, BASQUE

CÉLIMÈNE

Qu'est-ce ?

BASQUE

Acaste est là-bas.

CÉLIMÈNE

Hé bien, faites monter.

ALCESTE

Quoy ! L'on ne peut jamais vous parler teste à teste ?
A recevoir le Monde, on vous voit toujours preste ?
Et vous ne pouvez pas, un seul moment de tous,
Vous résoudre à souffrir de n'estre pas chez vous ?

CÉLIMÈNE

Voulez-vous qu'avec luy je me fasse une affaire ?

ALCESTE

Vous avez des regards qui ne sçauroient me plaire.

CÉLIMÈNE

C'est un homme à jamais ne me le pardonner,
S'il sçavoit que sa veue eust pu m'importuner.

ALCESTE

Et que vous fait cela, pour vous gesner de sorte...

CÉLIMÈNE

Mon Dieu, de ses pareils la bienveillance importe,
Et ce sont de ces gens, qui, je ne sçay comment,
Ont gagné, dans la Cour, de parler hautement.
Dans tous les entretiens on les voit s'introduire ;
Ils ne sçauroient servir, mais ils peuvent vous nuire ;
Et jamais, quelqu'apuy qu'on puisse avoir d'ailleurs,
On ne doit se brouiller avec ces grands brailleurs.

ALCESTE

Enfin, quoy qu'il en soit, et sur quoy qu'on se fonde,
Vous trouvez des raisons pour souffrir tout le Monde ;
Et les précautions de vostre jugement...

SCÈNE III

BASQUE, ALCESTE, CÉLIMÈNE

BASQUE

Voicy Clitandre encor, Madame.

ALCESTE

Justement.

Il témoigne vouloir s'en aller.

CÉLIMÈNE

Où courez-vous ?

ALCESTE

Je sors.

CÉLIMÈNE

Demeurez.

ALCESTE

Pourquoy faire ?

CÉLIMÈNE

Demeurez.

ALCESTE

Je ne puis.

CÉLIMÈNE

Je le veux.

ALCESTE

Point d'affaire.

Ces conversations ne font que m'ennuyer,
Et c'est trop que vouloir me les faire essuyer,

CÉLIMÈNE

Je le veux ; je le veux.

ALCESTE

Non, il m'est impossible.

CÉLIMÈNE

Hé bien, allez ; sortez, il vous est tout loisible.

SCÈNE IV

ÉLIANTE, PHILINTE, ACASTE, CLITANDRE,
ALCESTE, CÉLIMÈNE, BASQUE

ÉLIANTE

Voicy les deux Marquis qui montent avec nous.
Vous l'est-on venu dire ?

CÉLIMÈNE

Ouy. — Des sièges pour tous.

A Alceste :

Vous n'estes pas sorty ?

ALCESTE

Non, mais je veux Madame,
Ou pour eux, ou pour moy, faire expliquer vostre âme

CÉLIMÈNE

Taisez-vous.

ALCESTE

Aujourd'huy, vous vous expliquerez.

CÉLIMÈNE

Vous perdez le sens.

ALCESTE

Point. Vous vous déclarerez.

CÉLIMÈNE

Ah !

ALCESTE

Vous prendrez party.

CÉLIMÈNE

Vous vous moquez, je pense.

ALCESTE

Non, mais vous choisirez; c'est trop de patience.

CLITANDRE

Parbleu, je viens du Louvre, où Cléonte, au Levé,
Madame, a bien paru Ridicule achevé.
N'a-t-il point quelque amy qui pût, sur ses manières,
D'un charitable avis luy prester les lumières ?

CÉLIMÈNE

Dans le Monde, à vray dire, il se barbouille fort ;
Partout il porte un air qui saute aux yeux, d'abord,
Et, lors qu'on le revoit, après un peu d'absence,
On le retrouve encor plus plein d'extravagance.

ACASTE

Parbleu ! s'il faut parler des gens extravagans,
Je viens d'en essuyer un des plus fatigans,
Damon, le Raisonneur, qui m'a, ne vous déplaise,
Une heure, au grand soleil, tenu hors de ma Chaise.

CÉLIMÈNE

C'est un parleur étrange, et qui trouve toujours
L'art de ne vous rien dire avec de grands discours ;
Dans les propos qu'il tient on ne voit jamais goutte,
Et ce n'est que du bruit que tout ce qu'on écoute.

ÉLIANTE à *Philinte :*

Ce début n'est pas mal, et, contre le Prochain,
La conversation prend un assez bon train.

CLITANDRE

Timante, encor, Madame, est un bon Caractère !

CÉLIMÈNE

C'est, de la teste aux pieds, un homme tout mystère,
Qui vous jette, en passant, un coup d'œil égaré,
Et, sans aucune affaire, est toujours affairé.

XVI.   8

Tout ce qu'il vous débite en grimaces abonde;
A force de façons, il assomme le Monde;
Sans cesse il a, tout bas, pour rompre l'entretien,
Un secret à vous dire, et ce secret n'est rien;
De la moindre vétille il fait une merveille,
Et, jusques au Bonjour, il dit tout à l'oreille.

ACASTE

Et Géralde, Madame?

CÉLIMÈNE

O l'ennuyeux conteur!
Jamais on ne le voit sortir du Grand Seigneur;
Dans le brillant commerce il se mesle sans cesse,
Et ne cite jamais que Duc, Prince, ou Princesse.
La Qualité l'enteste, et tous ses entretiens
Ne sont que de chevaux, d'équipage et de chiens;
Il tutaye, en parlant, ceux du plus haut Etage,
Et le nom de Monsieur est, chez luy, hors d'usage.

CLITANDRE

On dit qu'avec Bélise il est du dernier bien.

CÉLIMÈNE

Le pauvre esprit de femme, et le sec entretien!
Lorsqu'elle vient me voir, je souffre le martyre.
Il faut suer sans cesse à chercher que luy dire;
Et la stérilité de son expression

Fait mourir, à tous coups, la conversation.
En vain, pour attaquer son stupide silence,
De tous les Lieux communs vous prenez l'assistance ;
Le beau temps, et la pluye, et le froid, et le çhau,
Sont des fonds qu'avec elle on épuise bientost.
Cependant sa visite, assez insupportable,
Traisne en une longueur encor épouvantable ;
Et l'on demande l'heure et l'on bâille vingt fois,
Qu'elle grouille aussi peu qu'une pièce de bois.

ACASTE

Que vous semble d'Adraste ?

CÉLIMÈNE

     Ah ! quel orgueil extrême !
C'est un homme gonflé de l'amour de soy-même.
Son mérite jamais n'est content de la Cour ;
Contr'elle il fait métier de pester chaque jour,
Et l'on ne donne Employ, Charge, ny Bénéfice,
Qu'à tout ce qu'il se croid on ne fasse injustice.

CLITANDRE

Mais le jeune Cléon, chez qui vont, aujourd'huy,
Nos plus honnestes Gens, que dites-vous de luy ?

CÉLIMÈNE

Que de son Cuisinier il s'est fait un mérite,
Et que c'est à sa Table à qui l'on rend visite.

ÉLIANTE

Il prend soin d'y servir des mets fort délicats.

CÉLIMÈNE

Ouy ; mais je voudrois bien qu'il ne s'y servît pas ;
C'est un fort méchant plat que sa sotte personne,
Et qui gaste, à mon goust, tous les repas qu'il donne.

PHILINTE

On fait assez de cas de son Oncle Damis ;
Qu'en dites-vous, Madame ?

CÉLIMÈNE

Il est de mes Amis.

PHILINTE

Je le trouve honneste homme, et d'un air assez sage.

CÉLIMÈNE

Ouy ; mais il veut avoir trop d'esprit, dont j'enrage.
Il est guindé sans cesse, et, dans tous ses propos,
On voit qu'il se travaille à dire de bons mots.
Depuis que dans la teste il s'est mis d'estre habile,
Rien ne touche son goût, tant il est difficile ;
Il veut voir des défauts à tout ce qu'on écrit,
Et pense que louer n'est pas d'un Bel Esprit ;
Que c'est estre Sçavant que trouver à redire ;
Qu'il n'appartient qu'aux Sots d'admirer et de rire,
Et qu'en n'approuvant rien des ouvrages du Temps,

Il se met au-dessus de tous les autres Gens.
Aux conversations mesme il trouve à reprendre ;
Ce sont propos trop bas pour y daigner descendre,
Et, les deux bras croisez, du haut de son Esprit,
Il regarde en pitié tout ce que chacun dit.

ACASTE

Dieu me damne, voilà son Portrait véritable.

CLITANDRE

Pour bien peindre les Gens vous estes admirable.

ALCESTE

Allons, ferme, poussez, mes bons amis de Cour ;
Vous n'en épargnez point, et chacun a son tour.
Cependant, aucun d'eux à vos yeux ne se montre
Qu'on ne vous voye, en haste, aller à sa rencontre,
Luy présenter la main, et d'un baiser flatteur
Appuyer les sermens d'estre son Serviteur.

CLITANDRE

Pourquoy s'en prendre à nous ? Si ce qu'on dit vous blesse
Il faut que le reproche à Madame s'adresse.

ALCESTE

Non, morbleu, c'est à vous ; et vos ris complaisans
Tirent de son esprit tous ces traits médisans.
Son humeur satyrique est sans cesse nourrie
Par le coupable encens de votre flaterie,

Et son cœur à railler trouveroit moins d'appas,
S'il avoit observé qu'on ne l'applaudist pas.
C'est ainsi qu'aux flateurs on doit partout se prendre
Des vices, où l'on void les Humains se répandre.

PHILINTE

Mais pourquoy, pour ces Gens, un intérest si grand,
Vous qui condamneriez ce qu'en eux on reprend ?

CÉLIMÈNE

Et ne faut-il pas bien que Monsieur contredise ?
A la commune voix veut-on qu'il se réduise,
Et qu'il ne fasse pas éclater, en tous lieux,
L'esprit contrariant, qu'il a reçeu des Cieux ?
Le sentiment d'autruy n'est jamais pour luy plaire ;
Il prend toujours en main l'opinion contraire,
Et penseroit paroistre un homme du Commun,
Si l'on voyoit qu'il fût de l'avis de quelqu'un.
L'honneur de contredire a, pour luy, tant de charmes
Qu'il prend, contre luy-mesme, assez souvent les armes,
Et ses vrais sentimens sont combàtus par luy,
Aussi-tost qu'il les void dans la bouche d'autruy.

ALCESTE

Les Rieurs sont pour vous, Madame ; c'est tout dire,
Et vous pouvez pousser contre moy la satyre.

PHILINTE

Mais il est véritable, aussi, que vostre esprit

Se gendarme, toujours, contre tout ce qu'on dit ;
Et que, par un chagrin que luy-mesme il avoue,
Il ne sçauroit souffrir qu'on blâme, ny qu'on loue.

ALCESTE

C'est que jamais, morbleu! les Hommes n'ont raison ;
Que le chagrin, contr'eux, est toujours de saison,
Et que je voy qu'ils sont, sur toutes les affaires,
Loueurs impertinents, ou censeurs téméraires.

CÉLIMÈNE

Mais...

ALCESTE

Non, Madame, non, quand j'en devrois mourir,
Vous avez des plaisirs que je ne puis souffrir ;
Et l'on a tort, icy, de nourrir dans vostre âme
Ce grand attachement aux défauts qu'on y blâme.

CLITANDRE

Pour moy, je ne sçay pas ; mais j'avoûray tout haut
Que j'ay cru, jusqu'icy, Madame sans défaut.

ACASTE

De grâces & d'attraits je voy qu'elle est pourveue;
Mais les défauts qu'elle a ne frapent point ma veue.

ALCESTE

Ils frapent tous la mienne, et, loin de m'en cacher,

Elle sçait que j'ay soin de les luy reprocher.
Plus on aime quelqu'un, moins il faut qu'on le flate ;
A ne rien pardonner le pur amour éclate,
Et je bannirois, moy, tous ces lâches Amans,
Que je verrois soumis à tous mes sentimens,
Et dont, à tous propos, les moles complaisances
Donneroient de l'encens à mes extravagances.

CÉLIMÈNE

Enfin, s'il faut qu'à vous s'en raportent les cœurs,
On doit, pour bien aimer, renoncer aux douceurs,
Et du parfait amour mettre l'honneur suprême
A bien injurier les personnes qu'on aime.

ÉLIANTE

L'amour, pour l'ordinaire, est peu fait à ces lois,
Et l'on voit les Amans vanter toujours leur chois.
Jamais leur passion n'y void rien de blâmable,
Et, dans l'objet aymé, tout leur devient aimable.
Ils comptent les défauts pour des perfections,
Et sçavent y donner de favorables noms :
La Pâle, est aux jasmins en blancheur comparable ;
La Noire, à faire peur, une Brune adorable ;
La Maigre, a de la taille & de la liberté ;
La Grasse, est, dans son port, pleine de majesté ;
La Mal propre, sur soy, de peu d'attraits chargée,
Est mise sous le nom de Beauté négligée ;

La Géante, paroist une Déesse aux yeux ;
La Naine, un abrégé des merveilles des Cieux ;
L'Orgueilleuse, a le cœur digne d'une Couronne ;
La Fourbe, a de l'esprit ; la Sotte, est toute bonne ;
La trop grande Parleuse, est d'agréable humeur,
Et la Muette, garde une honneste pudeur.
C'est ainsi qu'un amant, dont l'ardeur est extrême,
Aime, jusqu'aux défauts des personnes qu'il aime.

ALCESTE

Et moy, je soutiens, moy...

CÉLIMÈNE

Brisons là ce discours,
Et dans la Galerie allons faire deux tours.
Quoy ! Vous vous en allez, Messieurs ?

CLITANDRE et ACASTE

Non pas, Madame.

ALCESTE

La peur de leur départ occupe fort vostre âme.
Sortez quand vous voudrez, Messieurs ; mais j'avertis
Que je ne sors qu'après que vous serez sortis.

ACASTE

A moins de voir Madame en estre importunée,
Rien ne m'appelle ailleurs, de toute la journée.

XVI.   9

CLITANDRE

Moy, pourveu que je puisse estre au petit Couché,
Je n'ay point d'autre affaire où je sois attaché.

CÉLIMÈNE

C'est pour rire, je croy.

ALCESTE

Non, en aucune sorte ;
Nous verrons si c'est moy que vous voudrez qui sorte.

SCÈNE V

BASQUE, ALCESTE, CÉLIMÈNE, ÉLIANTE, ACASTE,
PHILINTE, CLITANDRE

BASQUE

Monsieur, un Homme est là, qui voudroit vous parler
Pour affaire, dit-il, qu'on ne peut reculer.

ALCESTE

Dy-luy que je n'ay point d'affaires si pressées.

BASQUE

Il porte une jaquette, à grand'basques plissées,
Avec du dor dessus.

CÉLIMÈNE

Allez voir ce que c'est,
Ou bien faites-le entrer.

ALCESTE

Qu'est-ce donc qu'il vous plaist ?
Venez, Monsieur.

SCÈNE VI

GARDE, ALCESTE, CÉLIMÈNE, ÉLIANTE, ACASTE,
PHILINTE, CLITANDRE

GARDE

Monsieur, j'ay deux mots à vous dire.

ALCESTE

Vous pouvez parler haut, Monsieur, pour m'en instruire.

GARDE

Messieurs les Mareschaux, dont j'ay commandement,
Vous mandent de venir les trouver promptement,
Monsieur.

ALCESTE

Qui ? Moy, Monsieur ?

GARDE

Vous-mesme.

ALCESTE

Et pourquoi faire ?

PHILINTE

C'est d'Oronte, et de vous, la ridicule affaire.

CÉLIMÈNE

Comment ?

PHILINTE

Oronte et luy se sont tantost bravez
Sur certains petits vers, qu'il n'a pas approuvez,
Et l'on veut assoupir la chose, en sa naissance.

ALCESTE

Moy, je n'auray, jamais, de lâche complaisance.

PHILINTE

Mais il faut suivre l'ordre ; allons, disposez-vous.

ALCESTE

Quel accommodement veut-on faire entre nous ?
La voix de ces Messieurs me condamnera-t-elle
A trouver bons les vers qui font nostre querelle ?
Je ne me dédis point de ce que j'en ay dit ;
Je les trouve méchans.

PHILINTE

Mais, d'un plus doux esprit...

ALCESTE

Je n'en démordray point; les vers sont exécrables.

PHILINTE

Vous devez faire voir des sentiments traitables;
Allons, venez.

ALCESTE

J'iray; mais rien n'aura pouvoir
De me dédire.

PHILINTE

Allons vous faire voir.

ALCESTE

Hors qu'un commandement exprès du Roy me vienne
De trouver bons les vers, dont on se met en peine,
Je soutiendray, toujours, morbleu, qu'ils sont mauvais,
Et qu'un homme est pendable, après les avoir faits.

A Clitandre et Acaste, qui rient :

Par la sangbleu, Messieurs, je ne croyois pas estre
Si plaisant que je suis.

CÉLIMÈNE

Allez vite parestre
Où vous devez.

ALCESTE

J'y vais, Madame, et, sur mes pas,
Je reviens en ce lieu, pour vuider nos débats.

BASQUE
Monsieur, un homme est là,
qui voudrait vous parler

ACTE TROISIÈME

SCÈNE PREMIÈRE

CLITANDRE, ACASTE

CLITANDRE

HER Marquis, je te voy l'âme
  bien satisfaite;
Toute chose t'égaye, et rien
  ne t'inquiète.
En bonne foy, crois-tu, sans
  t'éblouir les yeux,
Avoir de grands sujets de
  paroistre joyeux?

ACASTE

Parbleu, je ne voy pas, lors que je m'examine,

Où prendre aucun sujet d'avoir l'âme chagrine.
J'ay du bien, je suis jeune, et sors d'une Maison
Qui se peut dire Noble avec quelque raison ;
Et je croy, par le Rang que me donne ma Race,
Qu'il est fort peu d'emplois dont je ne sois en passe.
Pour le cœur, dont, sur tout, nous devons faire cas,
On sçait, sans vanité, que je n'en manque pas,
Et l'on m'a veu pousser, dans le Monde, une affaire
D'une assez vigoureuse et gaillarde manière.
Pour de l'esprit, j'en ay, sans doute, et du bon goût,
A juger sans étude, et raisonner de tout ;
A faire aux Nouveautez, dont je suis idolâtre,
Figure de Sçavant, sur les bancs du Théâtre ;
Y décider, en Chef, et faire du fracas
A tous les beaux endroits qui méritent des *Has!*
Je suis assez adroit ; j'ay bon air, bonne mine,
Les dents belles, sur tout, et la taille fort fine.
Quant à se mettre bien, je croy, sans me flater,
Qu'on seroit mal venu de me le disputer.
Je me voy dans l'estime, autant qu'on y puisse estre,
Fort aimé du beau Sexe, et bien auprès du Maistre.
Je croy qu'avec cela, mon cher Marquis, je croy
Qu'on peut, par tout païs, estre content de soy.

CLITANDRE

Ouy, mais, trouvant ailleurs des conquestes faciles,

Pourquoy pousser icy des soupirs inutiles ?

ACASTE

Moy ? Parbleu, je ne suis de taille, ny d'humeur
A pouvoir d'une Belle essuyer la froideur. ·
C'est aux gens mal tournez, aux mérites vulgaires,
A brûler, constamment, pour les Beautez sévères ;
A languir à leurs piez et souffrir leurs rigueurs ;
A chercher le secours des soûpirs et des pleurs,
Et tâcher, par des soins d'une très-longue suite,
D'obtenir ce qu'on nie à leur peu de mérite.
Mais les Gens de mon air, Marquis, ne sont pas faits
Pour aimer à crédit, et faire tous les frais.
Quelque rare que soit le mérite des Belles,
Je pense, Dieu mercy, qu'on vaut son prix, comm'elles ;
Que, pour se faire honneur d'un cœur comme le mien,
Ce n'est pas la raison qu'il ne leur coûte rien,
Et qu'au moins, à tout mettre en de justes balances,
Il faut qu'à frais communs se fassent les avances.

CLITANDRE

Tu penses donc, Marquis, estre fort bien icy ?

ACASTE

J'ay quelque lieu, Marquis, de le penser ainsy.

CLITANDRE

Croy-moy, détache-toy de cette erreur extrême ;
Tu te flates, mon cher, et t'aveugles toy-même.

 XVI.   10

ACASTE

Il est vray, je me flate, et m'aveugle, en effet.

CLITANDRE

Mais qui te fait juger ton bonheur si parfait ?

ACASTE

Je me flate.

CLITANDRE

Sur quoy fonder tes conjectures ?

ACASTE

Je m'aveugle.

CLITANDRE

En as-tu des preuves qui soient seures ?

ACASTE

Je m'abuse, te dis-je.

CLITANDRE

Est-ce que de ses vœus
Célimène t'a fait quelques secrets aveus.

ACASTE

Non, je suis mal traité.

CLITANDRE

Répond-moy, je te prie.

ACASTE

Je n'ay que des rebuts.

CLITANDRE

Laissons la raillerie,
Et me dis quel espoir on peut t'avoir donné.

ACASTE

Je suis le misérable, et toy le fortuné;
On a, pour ma personne, une aversion grande,
Et, quelqu'un de ces jours, il faut que je me pende.

CLITANDRE

O çà, veux-tu, Marquis, pour ajuster nos vœux,
Que nous tombions d'accord d'une chose, tous deux?
Que qui pourra montrer une marque certaine
D'avoir meilleure part au cœur de Célimène,
L'autre icy fera place au Vainqueur prétendu,
Et le délivrera d'un Rival assidu?

ACASTE

Ah! parbleu, tu me plais, avec un tel langage,
Et, du bon de mon cœur, à cela je m'engage.
Mais, chut.

SCÈNE II

CÉLIMÈNE, ACASTE, CLITANDRE

CÉLIMÈNE

Encor icy ?

CLITANDRE

L'Amour retient nos pas.

CÉLIMÈNE

Je viens d'ouïr entrer un carrosse là-bas.
Sçavez-vous qui c'est ?

CLITANDRE

Non.

SCÈNE III

BASQUE, CÉLIMÈNE, ACASTE, CLITANDRE

BASQUE

Arsinoé, Madame,
Monte icy, pour vous voir.

CÉLIMÈNE

> Que me veut cette Femme ?

BASQUE

Éliante, là-bas, est à l'entretenir.

CÉLIMÈNE

De quoy s'avise-t-elle, et qui la fait venir ?

ACASTE

Pour Prude consommée, en tous lieux, elle passe,
Et l'ardeur de son zèle...

CÉLIMÈNE

> Ouy, ouy, franche grimace.

Dans l'âme, elle est du Monde, et ses soins tentent tout
Pour acrocher quelqu'un, sans en venir à bout.
Elle ne sçauroit voir qu'avec un œil d'envie
Les Amans déclarez, dont une autre est suivie ;
Et son triste mérite, abandonné de tous,
Contre le Siècle aveugle est toujours en courroux.
Elle tâche à couvrir d'un faux voile de Prude
Ce que, chez elle, on void d'affreuse solitude ;
Et, pour sauver l'honneur de ses foibles appas,
Elle attache du crime au pouvoir qu'ils n'ont pas.
Cependant, un Amant plairoit fort à la Dame,
Et mesme pour Alceste elle a tendresse d'âme ;
Ce qu'il me rend de soins outrage ses attraits ;

Elle veut que ce soit un vol que je luy fais ;
Et son jalous dépit, qu'avec peine elle cache,
En tous endroits, sous main, contre moy se détache.
Enfin je n'ay rien vu de si sot à mon gré ;
Elle est impertinente au suprême degré,
Et...

SCÈNE IV

ARSINOÉ, CÉLIMÈNE

CÉLIMÈNE

Ah ! quel heureux sort en ce lieu vous amène ?
Madame, sans mentir, j'estois de vous en peine.

ARSINOÉ

Je viens, pour quelque avis que j'ay cru vous devoir.

CÉLIMÈNE

Ah ! mon Dieu, que je suis contente de vous voir !

ARSINOÉ

Leur départ ne pouvoit, plus à propos, se faire.

CÉLIMÈNE

Voulons-nous nous asseoir ?

ARSINOÉ

Il n'est pas nécessaire,
Madame. L'amitié doit surtout éclater
Aux choses qui le plus nous peuvent importer ;
Et, comme il n'en est point de plus grande importance
Que celles de l'Honneur et de la Bienséance,
Je viens, par un avis qui touche vostre honneur,
Témoigner l'amitié que, pour vous, a mon cœur.
Hier, j'estois chez des Gens, de vertu singulière,
Où sur vous du discours on tourna la matière ;
Et là, vostre conduite, avec ses grands éclats,
Madame, eut le malheur qu'on ne la loua pas.
Cette foule de Gens dont vous souffrez visite,
Vostre galanterie, et les bruits qu'elle excite,
Trouvèrent des censeurs plus qu'il n'auroit falu,
Et bien plus rigoureux que je n'eusse voulu.
Vous pouvés bien penser quel parti je sçeus prendre,
Je fis ce que je pus, pour vous pouvoir défendre ;
Je vous excusay fort sur votre intention,
Et voulus de vostre âme estre la caution.
Mais vous sçavez qu'il est des choses dans la vie
Qu'on ne peut excuser, quoyqu'on en ait envie,
Et je me vis contrainte à demeurer d'accord
Que l'air dont vous viviez vous faisoit un peu tort ;
Qu'il prenoit, dans le Monde, une méchante face ;

Qu'il n'est conte fâcheux que partout on n'en fasse ;
Et que, si vous vouliez, tous vos déportements
Pouroient moins donner prise aux mauvais jugemens.
Non que j'y croie au fond l'Honnesteté blessée ;
Me préserve le Ciel d'en avoir la pensée !
Mais aux ombres du crime on preste aisément foy,
Et ce n'est pas assez de bien vivre pour soy.
Madame, je vous croy l'âme trop raisonnable
Pour ne pas prendre bien cet avis profitable,
Et pour l'attribuer qu'aux mouvemens secrets
D'un zèle, qui m'attache à tous vos intérests.

CÉLIMÈNE

Madame, j'ay beaucoup de grâces à vous rendre.
Un tel avis m'oblige, et, loin de le mal prendre,
J'en prétens reconnoistre, à l'instant, la faveur
Par un avis, aussi, qui touche vostre Honneur ;
Et, comme je vous vois vous montrer mon Amie
En m'apprenant les bruits que de moy l'on publie,
Je veux suivre, à mon tour, un exemple si doux,
En vous avertissant de ce qu'on dit de vous.
En un lieu, l'autre jour, où je faisois visite,
Je trouvay quelques Gens, d'un très rare mérite,
Qui, parlant des vrais soins d'une âme qui vit bien,
Firent tomber sur vous, Madame, l'entretien.
Là, vostre Pruderie et vos éclats de zèle

Ne furent pas citez comme un fort bon modéle;
Cette affectation d'un grave extérieur,
Vos discours éternels de Sagesse et d'Honneur,
Vos mines, et vos cris, aux ombres d'indécence
Que d'un mot ambigu peut avoir l'innocence;
Cette hauteur d'estime où vous estes de vous,
Et ces yeux de pitié que vous jetez sur tous;
Vos fréquentes leçons, et vos aigres censures
Sur des choses qui sont innocentes et pures;
Tout cela, si je puis vous parler franchement,
Madame, fut blâmé, d'un commun sentiment.
« A quoi bon », disoient-ils, « cette mine modeste,
« Et ce sage dehors, que dément tout le reste ?
« Elle est à bien prier exacte au dernier point,
« Mais elle bat ses Gens, et ne les paye point.
« Dans tous les lieux dévots elle étale un grand zèle,
« Mais elle met du blanc, et veut paroistre belle.
« Elle fait des Tableaux couvrir les nuditez,
« Mais elle a de l'amour pour les réalitez. »
Pour moy, contre chacun, je pris vostre défence,
Et leur asseuray fort que c'estoit médisance;
Mais tous les sentimens combattirent le mien,
Et leur conclusion fut que vous feriez bien
De prendre moins de soin des actions des autres,
Et de vous mettre, un peu, plus en peine des vôtres;
Qu'on doit se regarder soy-même, un fort long temps,

XVI.   11

Avant que de songer à condamner les Gens ;
Qu'il faut mettre le poids d'une vie exemplaire
Dans les corrections qu'aux autres on veut faire ;
Et qu'encor vaut-il mieux s'en remettre, au besoin,
A ceux à qui le Ciel en a commis le soin.
Madame, je vous crois aussi trop raisonnable
Pour ne pas prendre bien cet avis profitable,
Et pour l'attribuer qu'aux mouvements secrets
D'un zèle, qui m'attache à tous vos intérests.

ARSINOÉ

A quoy, qu'en reprenant, on soit assujettie,
Je ne m'attendois pas à cette repartie,
Madame, et je vois bien, par ce qu'elle a d'aigreur,
Que mon sincère avis vous a blessée au cœur.

CÉLIMÈNE

Au contraire, Madame ; et, si, l'on estoit sage,
Ces avis mutuels seroient mis en usage ;
On détruiroit, par là, traitant de bonne foy,
Ce grand aveuglement où chacun est pour soy.
Il ne tiendra qu'à vous qu'avec le même zèle
Nous ne continuyons cet office fidelle,
Et ne prenions grand soin de nous dire, entre nous,
Ce que nous entendrons, vous de moy, moy de vous.

ARSINOÉ

Ah ! Madame, de vous je ne puis rien entendre ;

C'est en moy que l'on peut trouver fort à reprendre.

CÉLIMÈNE

Madame, on peut, je croy, louer, et blâmer tout ;
Et chacun a raison, suivant l'âge, ou le goût.
Il est une saison pour la Galanterie ;
Il en est une, aussi, propre à la Pruderie.
On peut, par Politique, en prendre le party,
Quand de nos jeunes ans l'éclat est amorty ;
Cela sert à couvrir de fâcheuses disgrâces.
Je ne dis pas qu'un jour je ne suive vos traces ;
L'Age amènera tout, et ce n'est pas le temps,
Madame, comme on sçait, d'estre Prude à vingt ans.

ARSINOÉ

Certes, vous vous targuez d'un bien foible avantage,
Et vous faites sonner terriblement vostre âge.
Ce que de plus que vous on en pourroit avoir
N'est pas d'un si grand cas pour s'en tant prévaloir ;
Et je ne sais pourquoy vostre âme ainsi s'emporte,
Madame, à me pousser de cette étrange sorte.

CÉLIMÈNE

Et moy, je ne sçay pas, Madame, aussi, pourquoy.
On vous voit en tous lieux vous déchaîner sur moy ?
Faut-il de vos chagrins, sans cesse, à moy vous prendre ?
Et puis-je mais des soins qu'on ne va pas vous rendre ?

Si ma personne aux Gens inspire de l'amour,
Et si l'on continue à m'offrir chaque jour
Des vœux, que vostre cœur peut souhaiter qu'on m'oste,
Je n'y sçaurois que faire, et ce n'est pas ma faute ;
Vous avez le champ libre, et je n'empesche pas
Que, pour les attirer, vous n'ayez des appas.

ARSINOÉ

Hélas ! et croyez-vous que l'on se mette en peine
De ce nombre d'Amans dont vous faites la vaine,
Et qu'il ne nous soit pas fort aisé de juger
A quel prix, aujourd'huy, l'on peut les engager ?
Pensez-vous faire croire, à voir comme tout roule,
Que vostre seul mérite attire cette foule ?
Qu'ils ne brûlent, pour vous, que d'un honneste amour,
Et que pour vos vertus ils vous font tous la cour ?
On ne s'aveugle point par de vaines défaites ;
Le Monde n'est point dupe, et j'en vois qui sont faites
A pouvoir inspirer de tendres sentimens,
Qui, chez elles, pourtant, ne fixent point d'Amans ;
Et de là nous pouvons tirer des conséquences
Qu'on n'acquiert point leurs cœurs sans de grandes avances
Qu'aucun, pour nos beaux yeux, n'est nostre Soupirant,
Et qu'il faut acheter tous les soins qu'on nous rend.
Ne vous enflez donc point d'une si grande gloire
Pour les petits brillans d'une foible victoire ;

Et corrigez un peu l'orgueil de vos appas,
De traiter, pour cela, les Gens de haut en bas.
Si nos yeux envioient les conquestes des vostres,
Je pense qu'on pourroit faire comme les autres,
Ne se point ménager, et vous faire bien voir
Que l'on a des Amans, quand on en veut avoir.

CÉLIMÈNE

Ayez-en donc, Madame, et voyons cette affaire ;
Par ce rare secret efforcez-vous de plaire,
Et, sans...

ARSINOÉ

　　　　Brisons, Madame, un pareil entretien,
Il pousseroit trop loin vostre esprit et le mien ;
Et j'aurois pris, déjà, le congé qu'il faut prendre,
Si mon Carosse encor ne m'obligeoit d'attendre.

CÉLIMÈNE

Autant qu'il vous plaira vous pouvez arrester,
Madame, et là-dessus rien ne doit vous haster.
Mais, sans vous fatiguer de ma cérémonie,
Je m'en vais vous donner meilleure compagnie ;
Et Monsieur, qu'à propos le Hazard fait venir,
Remplira mieux ma place à vous entretenir.
— Alceste, il faut que j'aille écrire un mot de lettre
Que, sans me faire tort, je ne sçaurois remettre.

Soyez avec Madame ; elle aura la bonté
D'excuser, aisément, mon incivilité.

SCÈNE V

ALCESTE, ARSINOÉ

ARSINOÉ

Vous voyez ; elle veut que je vous entretienne,
Attendant un moment que mon Carosse vienne ;
Et jamais tous ses soins ne pouvoient m'offrir rien
Qui me fût plus charmant qu'un pareil entretien.
En vérité, les Gens d'un mérite sublime
Entraînent de chacun et l'amour, et l'estime ;
Et le vostre, sans doute, a des charmes secrets
Qui font entrer mon cœur dans tous vos intérests ;
Je voudrois que la Cour, par un regard propice,
A ce que vous valez rendist plus de justice.
Vous avez à vous plaindre, et je suis en courroux
Quand je voy, chaque jour, qu'on ne fait rien pour vous.

ALCESTE

Moy, Madame ? Et sur quoy pourrois-je en rien prétendre ?
Quel service à l'Estat est-ce qu'on m'a veu rendre ?
Qu'ay-je fait, s'il vous plaist, de si brillant de'soy,
Pour me plaindre, à la Cour, qu'on ne fait rien pour moy ?

ARSINOÉ

Tous ceux sur qui la Cour jette des yeux propices
N'ont pas toujours rendu de ces fameux services ;
Il faut l'Occasion ainsi que le Pouvoir,
Et le mérite, enfin, que vous nous faites voir
Devroit...

ALCESTE

              Mon Dieu ! laissons mon mérite, de grâce.
De quoy voulez-vous, là, que la Cour s'embarrasse ?
Elle auroit fort à faire, et ses soins seroient grands,
D'avoir à déterrer le mérite des Gens.

ARSINOÉ

Un mérite éclatant se déterre luy-même.
Du vostre, en bien des lieux, on fait un cas extrême ;
Et vous sçaurez, de moy, qu'en deux fort bons endroits
Vous fûtes, hier, loué par des Gens d'un grand poids.

ALCESTE

Hé ! Madame, l'on loue aujourd'huy tout le monde,

Et le Siècle, par là, n'a rien qu'on ne confonde.
Tout est d'un grand mérite également doué ;
Ce n'est plus un honneur que de se voir loué ;
D'éloges on regorge ; à la tête on les jette,
Et mon Valet de Chambre est mis dans la Gazette.

ARSINOÉ

Pour moy, je voudrois bien que, pour vous montrer mieux,
Une Charge à la Cour vous pût fraper les yeux.
Pour peu que d'y songer vous nous fassiez les mines,
On peut, pour vous servir, remuer des machines ;
Et j'ay des Gens en main que j'emploiray pour vous,
Qui vous feront, à tout, un chemin assez doux.

ALCESTE

Et que voudriez-vous, Madame, que j'y fisse ?
L'humeur dont je me sens veut que je m'en bannisse ;
Le Ciel ne m'a point fait, en me donnant le jour,
Une âme compatible avec l'air de la Cour.
Je ne me trouve point les vertus nécessaires
Pour y bien réussir, et faire mes affaires.
Estre franc, et sincère, est mon plus grand talent ;
Je ne sçais point jouer les Hommes en parlant ;
Et qui n'a pas le don de cacher ce qu'il pense
Doit faire en ce païs fort peu de résidence.
Hors de la Cour, sans doute, on n'a pas cet appuy,
Et ces titres d'honneur, qu'elle donne aujourd'huy ;

Mais on n'a pas aussi, perdant ces aventages,
Le chagrin de jouer de fort sots personnages.
On n'a point à souffrir mille rebuts cruels ;
On n'a point à louer les vers de Messieurs tels,
A donner de l'encens à Madame une telle,
Et de nos francs Marquis essuyer la cervelle.

ARSINOÉ

Laissons, puisqu'il vous plaist, ce chapitre de Cour,
Mais il faut que mon cœur vous plaigne en vostre amour,
Et, pour vous découvrir, là-dessus, mes pensées,
Je souhaiterois fort vos ardeurs mieux placées;
Vous méritez sans doute un sort beaucoup plus doux,
Et celle qui vous charme est indigne de vous.

ALCESTE

Mais, en disant cela, songez-vous, je vous prie,
Que cette Personne est, Madame, vostre Amie ?

ARSINOÉ

Ouy, mais ma conscience est blessée, en effet,
De souffrir, plus long temps, le tort que l'on vous fait;
L'estat où je vous vois afflige trop mon âme,
Et je vous donne avis qu'on trahit vostre flâme.

ALCESTE

C'est me montrer, Madame, un tendre mouvement,
XVI.   12

Et de pareils avis obligent un Amant.

ARSINOÉ

Ouy, toute mon Amie, elle est et je la nomme
Indigne d'asservir le cœur d'un galant homme
Et le sien n'a pour vous que de feintes douceurs.

ALCESTE

Cela se peut, Madame ; on ne voit pas les cœurs,
Mais vostre charité se seroit bien passée
De jeter dans le mien une telle pensée.

ARSINOÉ

Si vous ne voulez pas estre désabusé,
Il faut ne vous rien dire ; il est assez aisé.

ALCESTE

Non ; mais sur ce sujet, quoy que l'on nous expose,
Les doutes sont fâcheux, plus que toute autre chose ;
Et je voudrois, pour moy, qu'on ne me fist sçavoir
Que ce qu'avec clarté l'on peut me faire voir.

ARSINOÉ

Hé bien, c'est assez dit ; et, sur cette matière,
Vous allez recevoir une pleine lumière.
Ouy, je veux que de tout vos yeux vous fassent foy.
Donnez-moy, seulement, la main jusques chez moy ;
Là, je vous feray voir une preuve fidelle

De l'infidélité du cœur de vostre Belle ;
Et, si pour d'autres yeux le vostre peut brûler,
On pourra vous offrir de quoy vous consoler.

ACTE QUATRIÈME

SCÈNE PREMIÈRE

ÉLIANTE, PHILINTE

PHILINTE

ON, l'on n'a point veu d'âme
à manier si dure,
Ni d'accommodement plus
pénible à conclure.
En vain de tous costez on l'a
voulu tourner;
Hors de son sentiment on n'a
pu l'entraîner,
Et jamais diférent si bizarre, je pense,
N'avoit de ces Messieurs occupé la prudence.

« Non, Messieurs », disoit-il, « je ne me dédis point,
« Et tomberay d'accord de tout, hors de ce poinct.
« De quoy s'offense-t-il ? et que veut-il me dire ?
« Y va-t-il de sa gloire à ne pas bien écrire ?
« Que luy fait mon avis, qu'il a pris de travers ?
« On peut estre honneste homme, et faire mal des vers ;
« Ce n'est point à l'Honneur que touchent ces matières.
« Je le tiens galant homme en toutes les manières,
« Homme de qualité, de mérite et de cœur,
« Tout ce qu'il vous plaira, mais fort méchant Autheur.
« Je loueray, si l'on veut, son train, et sa dépense,
« Son adresse à cheval, aux armes, à la danse.
« Mais, pour louer ses vers, je suis son serviteur ;
« Et, lors que d'en mieux faire on n'a pas le bonheur,
« On ne doit de rimer avoir aucune envie
« Qu'on n'y soit condamné, sur peine de la vie. »
Enfin toute la grâce, et l'accommodement,
Où s'est avec effort plié son sentiment,
C'est de dire, croyant adoucir bien son style :
« Monsieur, je suis fasché d'estre si difficile ;
« Et, pour l'amour de vous, je voudrois, de bon cœur,
« Avoir trouvé, tantost, vostre Sonnet meilleur »,
Et, dans une embrassade, on leur a, pour conclure,
Fait viste enveloper toute la procédure.

ÉLIANTE

Dans ses façons d'agir il est fort singulier,

Mais j'en fais, je l'avoue, un cas particulier;
Et la sincérité, dont son âme se pique,
A quelque chose, en soy, de noble et d'héroïque.
C'est une vertu rare, au Siècle d'aujourd'huy, ·
Et je la voudrois voir partout comme chez luy.

PHILINTE

Pour moy, plus je le voy, plus, surtout, je m'étonne
De cette passion où son cœur s'abandonne.
De l'humeur dont le Ciel a voulu le former,
Je ne sçay pas comment il s'avise d'aimer;
Et je sçay moins, encor, comment vostre Cousine
Peut estre la personne où son penchant l'incline.

ÉLIANTE

Cela fait assez voir que l'Amour, dans les cœurs,
N'est pas, toujours, produit par un rapport d'humeurs;
Et toutes ces raisons de douces sympathies
Dans cet exemple-cy se trouvent démenties.

PHILINTE

Mais croyez-vous qu'on l'aime, aux choses qu'on peut voir.

ÉLIANTE

C'est un poinct qu'il n'est pas fort aisé de sçavoir.
Comment pouvoir juger s'il est vray qu'elle l'aime?
Son cœur de ce qu'il sent n'est pas bien seur luy-même;
Il aime, quelquefois, sans qu'il le sache bien,

Et croit aimer, aussi, parfois, qu'il n'en est rien.

PHILINTE

Je croy que nostre Amy, près de cette Cousine,
Trouvera des chagrins plus qu'il ne s'imagine;
Et, s'il avoit mon cœur, à dire vérité,
Il tourneroit ses vœux tout d'un autre côté;
Et, par un chois plus juste, on le verroit, Madame,
Profiter des bontez que luy montre vostre âme.

ÉLIANTE

Pour moy, je n'en fais point de façons, et je croy
Qu'on doit, sur de tels poincts, estre de bonne foy;
Je ne m'oppose point à toute sa tendresse.
Au contraire, mon cœur pour elle s'intéresse;
Et, si c'estoit qu'à moy la chose pût tenir,
Moy-mesme, à ce qu'il aime on me verroit l'unir.
Mais si, dans un tel chois, comme tout se peut faire,
Son Amour éprouvoit quelque Destin contraire,
S'il falloit que d'un autre on couronnât les feux,
Je pourrois me résoudre à recevoir ses vœux;
Et le refus souffert en pareille occurrence
Ne m'y feroit trouver aucune répugnance.

PHILINTE

Et moy, de mon costé, je ne m'oppose pas,
Madame, à ces bontez qu'ont pour luy vos appas;
Et luy-mesme, s'il veut, il peut bien vous instruire

De ce que, là-dessus, j'ay pris soin de luy dire.
Mais si par un Hymen qui les joindroit eux deux,
Vous estiez hors d'état de recevoir ses vœux,
Tous les miens tenteroient la faveur éclatante
Qu'avec tant de bonté vostre âme luy présente.
Heureux si, quand son cœur s'y pourra dérober,
Elle pouvoit sur moy, Madame, retomber!

ÉLIANTE

Vous vous divertissez, Philinte.

PHILINTE

      Non, Madame,
Et je vous parle icy du meilleur de mon âme ;
J'attends l'occasion de m'offrir hautement,
Et de tous mes souhaits j'en presse le moment.

SCÈNE II

ALCESTE, ÉLIANTE, PHILINTE

ALCESTE

Ah ! faites-moy raison, Madame, d'une offense
Qui vient de triompher de toute ma constance.

ÉLIANTE

Qu'est-ce donc ? Qu'avez-vous qui vous puisse émouvoir ?

ALCESTE

J'ay ce que, sans mourir, je ne puis concevoir ;
Et le déchaînement de toute la Nature
Ne m'accableroit pas, comme cette aventure.
C'en est fait... Mon amour... Je ne sçaurois parler.

ÉLIANTE

Que vostre esprit, un peu, tâche à se rappeler.

ALCESTE

O juste Ciel ! faut-il qu'on joigne à tant de grâces
Les vices odieux des âmes les plus basses !

ÉLIANTE

Mais encor, qui vous peut...

ALCESTE

                    Ah ! tout est ruiné ;
Je suis, je suis trahy, je suis assassiné.
Célimène... Eust-on pû croire cette nouvelle ?
Célimène me trompe, et n'est qu'une Infidelle.

ÉLIANTE

Avez-vous, pour le croire, un juste fondement ?

PHILINTE

Peut-estre est-ce un soupçon conçeu légèrement ;
Et vostre esprit jalous prend par fois des chimères...

ALCESTE

Ah! morbleu, meslez-vous, Monsieur, de vos affaires!
— C'est de sa trahison n'estre que trop certain,
Que l'avoir, dans ma poche, écrite de sa main.
Ouy, Madame, une Lettre, écrite pour Oronte,
A produit à mes yeux ma disgrâce, et sa honte;
Oronte, dont j'ay cru qu'elle fuyoit les soins,
Et que, de mes Rivaux, je redoutois le moins.

PHILINTE

Une Lettre peut bien tromper par l'apparence,
Et n'est pas, quelquefois, si coupable qu'on pense.

ALCESTE

Monsieur, encor un coup, laissez-moy, s'il vous plaist,
Et ne prenez soucy que de vostre intérest.

ÉLIANTE

Vous devez modérer vos transports, et l'outrage...

ALCESTE

Madame, c'est à vous qu'appartient cet ouvrage;
C'est à vous que mon cœur a recours, aujourd'huy,
Pour pouvoir s'affranchir de son cuisant ennuy.
Vengez-moy d'une ingrate et perfide Parente
Qui trahit, lâchement, une ardeur si constante;
Vengez-moy de ce trait, qui doit vous faire horreur.

ÉLIANTE

Moy, vous venger ! Comment ?

ALCESTE

En recevant mon cœur.

Acceptez-le, Madame, au lieu de l'Infidelle,
C'est par là que je puis prendre vengeance d'elle ;
Et je la veux punir par les sincères vœux,
Par le profond amour, les soins respectueux,
Les devoirs empressez, et l'assidu service
Dont ce cœur va vous faire un ardent sacrifice.

ÉLIANTE

Je compatis, sans doute, à ce que vous souffrez,
Et ne méprise point le cœur que vous m'offrez ;
Mais, peut-estre, le mal n'est pas si grand qu'on pense,
Et vous pourrez quitter ce desir de vengeance.
Lors que l'injure part d'un objet plein d'appas,
On fait force desseins, qu'on n'exécute pas ;
On a beau voir, pour rompre, une raison puissante,
Une coupable aimée est bientost innocente ;
Tout le mal qu'on luy veut se dissipe aisément,
Et l'on sait ce que c'est qu'un courroux d'un Amant.

ALCESTE

Non, non, Madame, non, l'offense est trop mortelle,
Il n'est point de retour, et je romps avec elle ;
Rien ne sçauroit changer le dessein que j'en fais,

Et je me punirois de l'estimer jamais.
La voicy. Mon courroux redouble à cette approche;
Je vais de sa noirceur lui faire un vif reproche,
Pleinement la confondre, et vous porter, après,
Un cœur tout dégagé de ses trompeurs attraits.

SCÈNE III

CÉLIMÈNE, ALCESTE

ALCESTE

O Ciel ! de mes transports puis-je estre, icy, le maistre ?

CÉLIMÈNE

Ouais! Quel est donc le trouble où je vous vois paraistre ?
Et que me veulent dire, et ces soupirs poussez
Et ces sombres regards, que sur moy vous lancez ?

ALCESTE

Que toutes les horreurs, dont une âme est capable,
A vos déloyautez n'ont rien de comparable ;
Que le Sort, les Démons et le Ciel, en courroux,
N'ont, jamais, rien produit de si méchant que vous.

CÉLIMÈNE

Voilà, certainement, des douceurs que j'admire.

ALCESTE

Ah ! ne plaisantez point; il n'est pas temps de rire.
Rougissez bien plutost; vous en avez raison,
Et j'ay de seurs témoins de vostre trahison.
Voilà ce que marquoient les troubles de mon âme ;
Ce n'estoit pas en vain que s'alarmoit ma flâme ;
Par ces fréquents soupçons, qu'on trouvoit odieux,
Je cherchois le malheur qu'ont rencontré mes yeux ;
Et, malgré tous vos soins, et vostre adresse à feindre,
Mon Astre me disoit ce que j'avois à craindre.
Mais ne présumez pas que, sans estre vangé,
Je souffre le dépit de me voir outragé.
Je sais que sur les vœux on n'a point de puissance,
Que l'amour veut partout naistre sans dépendance,
Que jamais par la force on n'entra dans un cœur,
Et que toute âme est libre à nommer son vainqueur.
Aussi ne trouverois-je aucun sujet de plainte,
Si pour moy vostre bouche avoit parlé sans feinte ;
Et, rejetant mes vœux dès le premier abord,
Mon cœur n'auroit eu droit de s'en prendre qu'au Sort.
Mais, d'un aveu trompeur voir ma flâme aplaudie,
C'est une trahison, c'est une perfidie,
Qui ne sçauroit trouver de trop grands chastimens,
Et je puis tout permettre à mes ressentimens.
Ouy, ouy, redoutez tout ; après un tel outrage,

Je ne suis plus à moy, je suis tout à la rage.
Percé du coup mortel dont vous m'assassinez,
Mes sens par la Raison ne sont plus gouvernez ;
Je cède aux mouyements d'une juste colère, ,
Et je ne répons pas de ce que je puis faire.

CÉLIMÈNE

D'où vient donc, je vous prie, un tel emportement ?
Avez-vous, dites-moy, perdu le jugement ?

ALCESTE

Ouy, ouy, je l'ay perdu, lors que, dans vostre vue,
J'ay pris, pour mon malheur, le poison qui me tue,
Et que j'ay cru trouver quelque sincérité
Dans les traistres appas dont je fus enchanté.

CÉLIMÈNE

De quelle trahison pouvez-vous donc vous plaindre ?

ALCESTE

Ah ! que ce cœur est double et sçait bien l'art de feindre !
Mais, pour le mettre à bout, j'ai des moyens tout prests.
Jettez icy les yeux, et connoissez vos traits ;
Ce Billet découvert suffit pour vous confondre,
Et, contre ce témoin, on n'a rien à répondre.

CÉLIMÈNE

Voilà donc le sujet qui vous trouble l'esprit ?

ALCESTE

Vous ne rougissez pas, en voyant cet écrit ?

CÉLIMÈNE

Et par quelle raison faut-il que j'en rougisse ?

ALCESTE

Quoy ! vous joignez icy l'audace à l'artifice!
Le désavoûrez-vous, pour n'avoir point de seing ?

CÉLIMÈNE

Pourquoy désavouer un Billet de ma main ?

ALCESTE

Et vous pouvez le voir, sans demeurer confuse
Du crime dont, vers moy, son stile vous accuse ?

CÉLIMÈNE

Vous estes, sans mentir, un grand extravagant.

ALCESTE

Quoy ! vous bravez, ainsi, ce témoin convainquant !
Et ce qu'il m'a fait voir de douceur pour Oronte
N'a, donc, rien qui m'outrage, et qui vous fasse honte ?

CÉLIMÈNE

Oronte ! Qui vous dit que la lettre est pour luy ?

ALCESTE

Les gens qui, dans mes mains, l'ont remise aujourd'huy.
Mais je veux consentir qu'elle soit pour un autre;
Mon cœur en a-t-il moins à se plaindre du vôtre ?
En serez-vous, vers moy, moins coupable en effet ?

CÉLIMÈNE

Mais, si c'est une Femme à qui va ce Billet,
En quoy vous blesse-t-il, et qu'a-t-il de coupable ?

ALCESTE

Ah ! le détour est bon, et l'excuse admirable.
Je ne m'attendois pas, je l'avoue, à ce trait,
Et me voilà, par là, convaincu tout à fait.
Osez-vous recourir à ces ruses grossières ?
Et croyez-vous les gens si privez de lumières ?
Voyons, voyons un peu par quel biais, de quel air,
Vous voulez soutenir un mensonge si clair ;
Et comment vous pourrez tourner pour une Femme
Tous les mots d'un Billet, qui montre tant de flâme ?
Ajustez, pour couvrir un manquement de foy,
Ce que je m'en vais lire...

CÉLIMÈNE

                    Il ne me plaist pas, moy.
Je vous trouve plaisant d'user d'un tel empire,
Et de me dire, au nez, ce que vous m'osez dire !

ALCESTE

Non, non, sans s'emporter, prenez, un peu, soucy
De me justifier les termes que voicy.

CÉLIMÈNE

Non, je n'en veux rien faire ; et, dans cette occurrence,
Tout ce que vous croirez m'est de peu d'importance.

XVI.   14

ALCESTE

De grâce, montrez-moy, je seray satisfait,
Qu'on peut pour une Femme expliquer ce Billet.

CÉLIMÈNE

Non, il est pour Oronte, et je veux qu'on le croye;
Je reçois tous ses soins avec beaucoup de joie;
J'admire ce qu'il dit, j'estime ce qu'il est,
Et je tombe d'accord de tout ce qu'il vous plaist.
Faites, prenez party, que rien ne vous arreste,
Et ne me rompez pas davantage la teste.

ALCESTE

Ciel! rien de plus cruel peut-il estre inventé,
Et, jamais, cœur fut-il de la sorte traité?
Quoy! d'un juste courroux je suis ému contr'elle;
C'est moy qui me viens plaindre, et c'est moy qu'on querelle!
On pousse ma douleur, et mes soupçons, à bout;
On me laisse tout croire; on fait gloire de tout;
Et, cependant, mon cœur est encor assez lâche
Pour ne pouvoir briser la chaîne qui l'attache,
Et pour ne pas s'armer d'un généreux mépris
Contre l'ingrat objet, dont il est trop épris!
— Ah! que vous sçavez bien, icy, contre moy-même,
Perfide, vous servir de ma foiblesse extrême,
Et ménager, pour vous, l'excès prodigieux
De ce fatal amour, né de vos traistres yeux!

Défendez-vous, au moins, d'un crime qui m'accable,
Et cessez d'affecter d'estre, envers moy, coupable ;
Rendez-moy, s'il se peut, ce Billet innocent ;
A vous prester les mains ma tendresse consent,
Efforcez-vous icy de paroistre fidelle,
Et je m'efforceray, moy, de vous croire telle.

CÉLIMÈNE

Allez, vous estes fou, dans vos transports jaloux,
Et ne méritez pas l'amour qu'on a pour vous.
Je voudrois bien sçavoir qui pourroit me contraindre
A descendre, pour vous, aux bassesses de feindre ;
Et pourquoy, si mon cœur penchoit d'autre côté,
Je ne le dirois pas avec sincérité.
Quoy ! de mes sentimens l'obligeante assurance
Contre tous vos soupçons ne prend pas ma défense ?
Auprès d'un tel garent sont-ils de quelque poids ?
N'est-ce pas m'outrager que d'écouter leur voix ?
Et, puisque nostre cœur fait un effort extrême ;
Lors qu'il peut se résoudre à confesser qu'il aime ;
Puisque l'Honneur du Sexe, ennemy de nos feux,
S'oppose fortement à de pareils aveus,
L'Amant, qui void pour luy franchir un tel obstacle,
Doit-il, impunément, douter de cet Oracle ?
Et n'est-il pas coupable, en ne s'assurant pas
A ce qu'on ne dit point qu'après de grands combats ?

Allez, de tels soupçons méritent ma colère,
Et vous ne valez pas que l'on vous considère.
Je suis sotte, et veux mal à ma simplicité
De conserver encor pour vous quelque bonté ;
Je devrois autre part attacher mon estime,
Et vous faire un sujet de plainte légitime.

ALCESTE

Ah ! traistesse, mon foible est étrange pour vous !
Vous me trompez, sans doute, avec des mots si doux ;
Mais il n'importe, il faut suivre ma Destinée.
A vostre foy mon âme est toute abandonnée ;
Je veux voir jusqu'au bout quel sera vostre cœur,
Et si de me trahir il aura la noirceur.

CÉLIMÈNE

Non, vous ne m'aimez point comme il faut que l'on aime.

ALCESTE

Ah ! rien n'est comparable à mon amour extrême ;
Et, dans l'ardeur qu'il a de se montrer à tous,
Il va jusqu'à former des souhaits contre vous.
Ouy, je voudrois qu'aucun ne vous trouvât aimable ;
Que vous fussiez réduite en un Sort misérable ;
Que le Ciel, en naissant, ne vous eût donné rien ;
Que vous n'eussiez ni Rang, ni Naissance, ni Bien,
Afin que de mon cœur l'éclatant sacrifice
Vous pût d'un pareil Sort réparer l'injustice,

Et, que j'eusse la joie, et la gloire, en ce jour,
De vous voir tenir tout des mains de mon Amour.

CÉLIMÈNE

C'est me vouloir du bien d'une étrange manière !
Me préserve le Ciel que vous ayez matière...
— Voicy Monsieur Du Bois, plaisamment figuré.

SCÈNE IV

DU BOIS, CÉLIMÈNE, ALCESTE

ALCESTE

Que veut cet équipage et cet air éfaré ?
Qu'as-tu ?

DU BOIS

Monsieur...

ALCESTE

Hé bien ?

DU BOIS

Voicy bien des mystères.

ALCESTE

Qu'est-ce ?

DU BOIS

Nous sommes mal, Monsieur, dans nos affaires.

ALCESTE

Quoy?

DU BOIS

Parleray-je haut ?

ALCESTE

Ouy, parle, et promptement.

DU BOIS

N'est-il point là, quelqu'un ?

ALCESTE

Ah ! que d'amusement !

Veux-tu parler ?

DU BOIS

Monsieur, il faut faire retraite.

ALCESTE

Comment ?

DU BOIS

Il faut d'icy déloger sans trompette.

ALCESTE

Et pourquoy ?

DU BOIS

Je vous dis qu'il faut quitter ce lieu.

ALCESTE

La cause ?

DU BOIS

Il faut partir, Monsieur, sans dire adieu.

ALCESTE

Mais par quelle raison me tiens-tu ce langage ?

DU BOIS

Par la raison, Monsieur, qu'il faut plier bagage ?

ALCESTE

Ah ? je te casseray la tête assurément,
Si tu ne veux, maraut, t'expliquer autrement.

DU BOIS

Monsieur, un Homme noir, et d'habit, et de mine,
Est venu nous laisser, jusque dans la Cuisine,
Un papier, grifonné d'une telle façon
Qu'il faudroit, pour le lire, estre pis que Démon.
C'est de vostre procès, je n'en fais aucun doute,
Mais le Diable d'Enfer, je crois, n'y verroit goûte.

ALCESTE

Hé bien ! quoy ! Ce papier, qu'a-t-il à démesler,
Traistre, avec le départ dont tu viens me parler ?

DU BOIS

C'est pour vous dire, icy, Monsieur, qu'une heure ensuite,
Un Homme, qui souvent vous vient rendre visite,
Est venu vous chercher avec empressement,
Et, ne vous trouvant pas, m'a chargé doucement,
Sçachant que je vous sers avec beaucoup de zèle,
De vous dire... Attendez, comme est-ce qu'il s'apelle ?

ALCESTE

Laisse là son nom, traistre, et dis ce qu'il t'a dit.

DU BOIS

C'est un de vos amis, enfin ; cela suffit.
Il m'a dit que d'icy vostre péril vous chasse,
Et que d'estre arresté le Sort vous y menace.

ALCESTE

Mais quoy ! n'a-t-il voulu te rien spécifier ?

DU BOIS

Non, il m'a demandé de l'encre, et du papier,
Et vous a fait un mot où vous pourrez, je pense,
Du fonds de ce mystère avoir la connoissance.

ALCESTE

Donne-le donc.

CÉLIMÈNE

Que peut enveloper cecy ?

ALCESTE

Je ne sçay ; mais j'aspire à m'en voir éclaircy.
Auras-tu bientost fait, impertinent du Diable ?

DU BOIS, *après l'avoir longtemps cherché.*

Ma foy, je l'ay, Monsieur, laissé sur vostre table.

ALCESTE

Je ne sçay qui me tient...

CÉLIMÈNE

Ne vous emportez pas,
Et courez démesler un pareil embarras.

ALCESTE

Il semble que le Sort, quelque soin que je prenne,
Ait juré d'empescher que je vous entretienne ;
Mais, pour en triompher, souffrez à mon Amour
De vous revoir, Madame, avant la fin du jour.

XVI   15

ACTE CINQUIÈME

SCÈNE PREMIÈRE

ALCESTE, PHILINTE

ALCESTE

A résolution en est prise, vous
dy-je.

PHILINTE

Mais, quel que soit ce coup,
faut-il qu'il vous oblige...

ALCESTE

Non, vous avez beau faire et
beau me raisonner,
Rien de ce que je dy ne me peut détourner;
Trop de perversité règne au Siècle où nous sommes,

Et je veux me tirer du commerce des Hommes.
Quoy, contre ma Partie, on void, tout à la fois
L'Honneur, la Probité, la Pudeur et les Loix;
On publie, en tous lieux, l'équité de ma cause;
Sur la foy de mon droit mon âme se repose :
Cependant, je me vois trompé par le succès ;
J'ay pour moy la justice, et je perds mon procès !
Un Traistre, dont on sait la scandaleuse histoire,
Est sorty triomphant d'une fausseté noire !
Toute la bonne foy cède à la trahison !
Il trouve, en m'égorgeant, moyen d'avoir raison !
Le poids de sa grimace, où brille l'artifice,
Renverse le bon droit, et tourne la Justice !
Il fait, par un Arrest, couronner son forfait !
Et, non content, encor, du tort que l'on me fait,
Il court parmi le Monde un Livre abominable,
Et de qui la lecture est, mesme, condamnable,
Un livre à mériter la dernière rigueur,
Dont le Fourbe a le front de me faire l'Autheur !
Et, là-dessus, on voit Oronte qui murmure,
Et tâche, méchamment, d'appuyer l'imposture !
Luy, qui d'un honneste Homme à la Cour tient le rang,
A qui je n'ay rien fait qu'estre sincère, et franc,
Qui s'en vient, malgré moy, d'une ardeur empressée,
Sur des vers qu'il a faits demander ma pensée ;
Et, parce que j'en use avec honnêteté,

Et ne le veux trahir, luy, ni la vérité,
Il aide à m'accabler d'un crime imaginaire!
Le voilà devenu mon plus grand Adversaire!
Et jamais de son cœur je n'auray de pardon,,
Pour n'avoir pas trouvé que son Sonnet fût bon!
Et les Hommes, morbleu, sont faits de cette sorte!
C'est à ces actions que la Gloire les porte!
Voilà la bonne foy, le zèle vertueux,
La justice, et l'honneur, que l'on trouve chez eux!
Allons, c'est trop souffrir les chagrins qu'on nous forge :
Tirons-nous de ce bois, et de ce coupe-gorge.
Puisque entre Humains, ainsi, vous vivez en vrais loups,
Traistres, vous ne m'aurez, de ma vie, avec vous.

PHILINTE

Je trouve un peu bien prompt le dessein où vous estes,
Et tout le mal n'est pas si grand que vous le faites.
Ce que vostre Patrie ose vous imputer
N'a point eu le crédit de vous faire arrester;
On void son faux rapport luy-mesme se détruire,
Et c'est une action qui pourroit bien luy nuire.

ALCESTE

Luy? De semblables tours il ne craint point l'éclat;
Il a permission d'être franc scélérat,
Et, loin qu'à son crédit nuise cette avanture,
On l'en verra, demain, en meilleure posture.

PHILINTE

Enfin,. il est constant qu'on n'a pas trop donné
Au bruit que contre vous sa malice a tourné :
De ce costé, déjà, vous n'avez rien à craindre,
Et, pour vostre procès, dont vous pouvez vous plaindre,
Il vous est, en Justice, aisé d'y revenir,
Et contre cet Arrest...

ALCESTE

　　　　　Non, je veux m'y tenir.
Quelque sensible tort qu'un tel Arrest me fasse,
Je me garderay bien de vouloir qu'on le casse.
On y voit trop à plein le bon droit mal-traité,
Et je veux qu'il demeure à la Postérité
Comme une marque·insigne, un fameux témoignage
De la méchanceté des Hommes de nostre Age.
Ce sont vingt mille francs qu'il m'en pourra couster,
Mais, pour vingt mille francs, j'auray droit de pester
Contre l'iniquité de la Nature Humaine,
Et de nourrir, pour elle, une immortelle haine.

PHILINTE

· Mais, enfin...

ALCESTE

　　　Mais, enfin, vos soins sont superflus.
Que pouvez-vous, Monsieur, me dire là-dessus ?

Aurez-vous bien le front de me vouloir, en face,
Excuser les horreurs de tout ce qui se passe ?

PHILINTE

Non, je tombe d'accord de tout ce qu'il vous plaist.
Tout marche par Cabale et par pur intérest;
Ce n'est plus que la Ruse, aujourd'huy, qui l'emporte,
Et les Hommes devroient estre faits d'autre sorte.
Mais est-ce une raison que leur peu d'équité,
Pour vouloir se tirer de leur société ?
Tous ces défauts humains nous donnent, dans la vie,
Des moyens d'exercer nostre philosophie.
C'est le plus bel employ que trouve la Vertu ;
Et, si de probité tout estoit revestu,
Si tous les cœurs estoient francs, justes, et dociles,
La plupart des Vertus nous seroient inutiles,
Puisqu'on en met l'usage à pouvoir, sans ennuy,
Supporter, dans nos droits, l'injustice d'autruy.
Et, de mesme qu'un cœur d'une vertu profonde...

ALCESTE

Je sçay que vous parlez, Monsieur, le mieux du Monde.
En beaux raisonnemens vous abondez toujours,
Mais vous perdez le temps et tous vos beaux discours.
La Raison, pour mon bien, veut que je me retire ;
Je n'ay point sur ma langue un assez grand empire ;

De ce que je dirois je ne répondrois pas,
Et je me jetterois cent choses sur les bras.
Laissez-moy, sans dispute, attendre Célimène.
Il faut qu'elle consente au dessein qui m'ameine ;
Je vais voir si son cœur a de l'amour pour moy,
Et c'est ce moment-cy qui doit m'en faire foy.

PHILINTE

Montons chez Éliante, attendant sa venue.

ALCESTE

Non, de trop de soucy je me sens l'âme émue.
Allez-vous-en la voir, et me laissez, enfin,
Dans ce petit coin sombre, avec mon noir chagrin.

PHILINTE

C'est une compagnie étrange, pour attendre,
Et je vais obliger Éliante à décendre.

SCÈNE II

ORONTE, CÉLIMÈNE, ALCESTE.

ORONTE

Ouy, c'est à vous de voir si, par des nœuds si doux,
Madame, vous voulez m'attacher tout à vous.
Il me faut, de vostre âme, une pleine assurance;
Un Amant, là-dessus, n'aime point qu'on balance.
Si l'ardeur de mes feux a pu vous émouvoir,
Vous ne devez point feindre à me le faire voir;
Et la preuve, après tout, que je vous en demande,
C'est de ne plus souffrir qu'Alceste vous prétende,
De le sacrifier, madame à mon Amour,
Et de chez vous, enfin, le bannir dès ce jour.

CÉLIMÈNE

Mais quel sujet si grand contre luy vous irrite,
Vous à qui j'ay tant veu parler de son mérite ?

ORONTE

Madame, il ne faut point ces éclaircissemens;
Il s'agit de sçavoir quels sont vos sentimens.
Choisissez, s'il vous plaist, de garder l'un ou l'autre;
Ma résolution n'attend rien que la vôtre.

ALCESTE, *sortant du coin où il s'estoit retiré.*

Oui, Monsieur a raison, Madame, il faut choisir,

XVI.   16

Et sa demande, icy, s'accorde à mon desir.
Pareille ardeur me presse, et mesme soin m'ameine,
Mon Amour veut du vostre une marque certaine ;
Les choses ne sont plus pour traîner en longueur,
Et voicy le moment d'expliquer vostre cœur.

ORONTE

Je ne veux point, Monsieur, d'une flâme importune
Troubler, ancunement, vostre bonne Fortune.

ALCESTE

Je ne veux point, Monsieur, jalous, ou non jalous,
Partager de son cœur rien du tout avec vous.

ORONTE

Si vostre amour au mien luy semble préférable...

ALCESTE

Si du moindre penchant elle est pour vous capable...

ORONTE

Je jure de n'y rien prétendre désormais...

ALCESTE

Je jure, hautement, de ne la voir jamais.

ORONTE

Madame, c'est à vous de parler sans contrainte.

ALCESTE

Madame, vous pouvez vous expliquer sans crainte.

ORONTE

Vous n'avez qu'à nous dire où s'attachent vos vœux.

ALCESTE

Vous n'avez qu'à trancher, et choisir de nous deux.

ORONTE

Quoy! sur un pareil chois vous semblez estre en peine!

ALCESTE

Quoy! vostre âme balance, et paroist incertaine!

CÉLIMÈNE

Mon Dieu! que cette instance est là hors de saison,
Et que vous témoignez, tous deux, peu de raison!
Je sçay prendre party sur cette préférence,
Et ce n'est pas mon cœur, maintenant, qui balance:
Il n'est point suspendu, sans doute, entre vous deux,
Et rien n'est si tost fait que le chois de nos vœux.
Mais je souffre, à vray dire, une gesne trop forte
A prononcer, en face, un aveu de la sorte.
Je trouve que ces mots, qui sont désobligeans,
Ne se doivent point dire en présence des Gens;
Qu'un cœur, de son penchant, donne assez de lumière,
Sans qu'on nous fasse aller jusqu'à rompre en visière;
Et qu'il suffit, enfin, que de plus doux témoins
Instruisent un Amant du malheur de ses soins.

ORONTE

Non, non, un franc aveu n'a rien que j'apréhende ;
J'y consens pour ma part.

ALCESTE

Et moy, je le demande ;
C'est son éclat, sur tout, qu'icy j'ose exiger,
Et je ne prétens point vous voir rien ménager.
Conserver tout le Monde est vostre grande étude ;
Mais plus d'amusement, et plus d'incertitude ;
Il faut vous expliquer nettement là-dessus,
Ou bien pour un Arrest je prends votre refus.
Je sçauray, de ma part, expliquer ce silence,
Et me tiendray pour dit tout le mal que j'en pense.

ORONTE

Je vous sçay fort bon gré, Monsieur, de ce courroux,
Et je luy dis, icy, mesme chose que vous.

CÉLIMÈNE

Que vous me fatiguez avec un tel caprice !
Ce que vous demandez a-t-il de la justice ?
Et ne vous dis-je pas quel motif me retient ?
J'en vais prendre pour Juge Éliante, qui vient.

SCÈNE III

ÉLIANTE, PHILINTE, CÉLIMÉNE, ORONTE, ALCESTE

CÉLIMÈNE

Je me vois, ma Cousine, icy persécutée
Par des Gens, dont l'humeur y paroist concertée.
Ils veulent, l'un et l'autre, avec mesme chaleur,
Que je prononce entre eux le choix que fait mon cœur,
Et que, par un Arrest, qu'en face il me faut rendre,
Je défende à l'un d'eux tous les soins qu'il peut prendre.
Dites-moy si, jamais, cela se fait ainsy ?

ÉLIANTE

N'allez point, là-dessus, me consulter icy ;
Peut-estre, y pourriez-vous estre mal adressée,
Et je suis pour les Gens qui disent leur pensée.

ORONTE

Madame, c'est en vain que vous vous défendez...

ALCESTE

Tous vos détours, icy, seront mal secondés.

ORONTE

Il faut, il faut parler, et lâcher la balance...

ALCESTE

Il ne faut que poursuivre à garder le silence.

ORONTE

Je ne veux qu'un seul mot, pour finir nos débats...

ALCESTE

Et moy, je vous entends, si vous ne parlez pas.

SCÈNE DERNIÈRE

ACASTE, CLITANDRE, ARSINOÉ, PHILINTE,
ÉLIANTE, ORONTE, CÉLIMÈNE, ALCESTE

ACASTE

Madame, nous venons, tous deux, sans vous déplaire,
Éclaircir, avec vous, une petite affaire.

CLITANDRE

Fort à propos, Messieurs, vous vous trouvez icy,
Et vous estes meslez dans cette affaire aussy.

ARSINOÉ

Madame, vous serez surprise de ma veue,
Mais ce sont ces Messieurs qui causent ma venue.
Tout deux ils m'ont trouvée, et se sont plaints à moy
D'un trait, à qui mon cœur ne sçauroit prester foy.

.J'ay du fond de vostre âme une trop haute estime
Pour vous croire, jamais, capable d'un tel crime ;
Mes yeux ont démenty leurs témoins les plus forts,
Et, l'amitié passant sur de petits discords,
J'ay bien voulu, chez vous, leur faire compagnie,
Pour vous voir vous laver de cette calomnie.

ACASTE

Ouy, Madame, voyons, d'un esprit adoucy,
Comment vous vous prendrez à soutenir cecy ?
Cette lettre, par vous, est écrite à Clitandre ?

CLITANDRE

Vous avez, pour Acaste, écrit ce billet tendre ?

ACASTE

Messieurs, ces traits, pour vous, n'ont point d'obscurité
Et je ne doute pas que sa civilité
A connoistre sa main n'ait trop sçeu vous instruire ;
Mais cecy vaut assez la peine de le lire.

*Vous estes un étrange Homme, de condamner mon enjoûment,
et de me reprocher que je n'ay jamais tant de joye que lors
que je ne suis pas avec vous. Il n'y a rien de plus injuste; et,
si vous ne venez, bien viste, me demander pardon de ceste
offence, je ne vous la pardonneray de ma vie. Nostre grand
flandrin de Vicomte...*

Il devroit estre icy.

Nostre grand flandrin de Vicomte, par qui vous commencez vos plaintes, est un Homme qui ne sçauroit me revenir; et, depuis que je l'ay veu, trois quarts d'heure durant, cracher dans un puits, pour faire des ronds, je n'ay pu jamais prendre bonne opinion de luy. Pour le petit Marquis...

C'est moy-mesme, Messieurs, sans nulle vanité.

Pour le petit Marquis, qui me tint hyer longtemps la main, je trouve qu'il n'y a rien de si mince que toute sa personne, et ce sont de ces mérites qui n'ont que la Cape et l'Epée. Pour l'Homme aux rubans verts...

A vous le dé, Monsieur...

Pour l'Homme aux rubans verts, il me divertit quelquefois, avec ses brusqueries, et son chagrin bourru; mais il est cent momens, où je le trouve le plus fâcheux du Monde. Et pour l'homme à la veste...

Voicy votre paquet:

Et pour l'Homme à la veste, qui s'est jetté dans le bel esprit, et veut être Autheur malgré tout le Monde, je ne puis me donner la peine d'écouter ce qu'il dit, et sa prose me fatigue autant que ses vers. Mettez-vous donc en teste que je ne me divertis pas toujours si bien que vous pensez; que je vous trouve à dire plus que je ne voudrois, dans toutes les Parties où l'on m'entraine, et que c'est un merveilleux assaisonnement aux plaisirs qu'on gouste, que la présence des Gens qu'on aime.

CLITANDRE

Me voicy maintenant, moy.

Vostre Clitandre, dont vous me parlez, et qui fait tant le
doucereux, est le dernier des Hommes pour qui j'aurois 'de l'ami-
tié. Il est extravagant de se persuader qu'on l'aime, et vous
l'estes de croire qu'on ne vous aime pas. Changez, pour estre
raisonnable, vos sentimens contre les siens; et voyez-moi le
plus que vous pourrez, pour m'aider à porter le chagrin d'en
estre obsédée. »

D'un fort beau caractère on voit là le modèle,
Madame, et vous savez comment cela s'appelle.
Il suffit. Nous allons, l'un, et l'autre, en tous lieux,
Montrer de vostre cœur le portrait glorieux.

ACASTE

J'aurois de quoy vous dire, et belle est la matière,
Mais je ne vous tiens pas digne de ma colère,
Et je vous feray voir que les petits Marquis
Ont, pour se consoler, des cœurs du plus haut prix.

ORONTE

Quoy! de cette façon je vois qu'on me déchire,
Après tout ce qu'à moy je vous ay veu m'écrire;
Et vostre cœur, paré de beaux semblans d'Amour,
A tout le Genre Humain se promet tour à tour!
Allez, j'estois trop dupe, et je vais ne plus l'estre;

XVI.　　　　　　　　　　　　　　　　　17

Vous me faites un bien, me faisant vous connestre ;
J'y profite d'un cœur qu'ainsi vous me rendez,
Et trouve ma vengeance en ce que vous perdez.

A Alceste :

Monsieur, je ne fais plus d'obstacle à votre flâme,
Et vous pouvez conclure affaire avec Madame.

ARSINOÉ

Certes, voilà le trait du Monde le plus noir ;
Je ne m'en sçaurois taire, et me sens émouvoir.
Void-on des procédez qui soient pareils aux vôtres ?
— Je ne prends point de part aux intérêts des autres,
Mais, Monsieur, que chez vous fixoit vostre bonheur,
Un Homme, comme luy, de mérite et d'honneur,
Et qui vous chérissoit avec idolâtrie,
Devoit-il...

ALCESTE

          Laissez-moy, Madame, je vous prie,
Vuider mes intérests, moy-mesme, là-dessus,
Et ne vous chargez point de ces soins superflus.
Mon cœur a beau vous voir prendre icy sa querelle ;
Il n'est point en estat de payer ce grand zèle,
Et ce n'est pas à vous que je pourray songer
Si, par un autre chois, je cherche à me venger.

ARSINOÉ

Hé ! croyez-vous, Monsieur, qu'on ait cette pensée,

Et que de vous avoir on soit tant empressée ?
Je vous trouve un esprit bien plein de vanité,
Si de cette créance il peut s'estre flaté.
Le rebut de Madame est une marchandise   •
Dont on auroit grand tort d'estre si fort éprise.
Détrompez-vous, de grâce, et portez-le moins haut.
Ce ne sont pas des Gens comme moy qu'il vous faut;
Vous ferez bien encor de soupirer pour elle,
Et je brûle de voir une union si belle.

Elle se retire.

ALCESTE

Hé bien, je me suis tu, malgré ce que je voy,
Et j'ay laissé parler tout le monde, avant moy.
Ay-je pris sur moy-mesme un assez long empire,
Et puis-je maintenant...

CÉLIMÈNE

                    Ouy, vous pouvez tout dire;
Vous en estes en droit, lors que vous vous plaindrez,
Et de me reprocher tout ce que vous voudrez.
J'ay tort, je le confesse, et mon âme confuse
Ne cherche à vous payer d'aucune vaine excuse.
J'ay des autres, icy, méprisé le courroux ;
Mais je tombe d'accord de mon crime envers vous.
Vostre ressentiment, sans doute, est raisonnable ;
Je sçay combien je dois vous paroistre coupable,
Que toute chose dit que j'ay pu vous trahir,

Et qu'enfin vous avez sujet de me haïr.
Faites-le, j'y consens.

ALCESTE

              Hé ! le puis-je, traîtresse ?
Puis-je ainsi triompher de toute ma tendresse ?
Et quoy qu'avec ardeur je veuille vous haïr,
Trouvay-je un cœur, en moy, tout prest à m'obéir ?

      A Éliante et Philinte :

Vous voyez ce que peut une indigne tendresse,
Et je vous fais, tous deux, témoins de ma foiblesse,
Mais, à vous dire vray, ce n'est pas encor tout,
Et vous allez me voir la pousser jusqu'au bout,
Montrer que c'est à tort que Sages on nous nomme,
Et que dans tous les cœurs il est toujours de l'Homme
— Ouy, je veux bien, perfide, oublier vos forfaits ;
J'en sçauray, dans mon âme, excuser tous les traits,
Et me les couvriray du nom d'une foiblesse,
Où le vice du Temps porte vostre jeunesse,
Pourveu que vostre cœur veuille donner les mains
Au dessein que j'ay fait de fuir tous les Humains,
Et que dans mon Désert, où j'ay fait vœu de vivre,
Vous soyez, sans tarder, résolue à me suivre.
C'est par là seulement que, dans tous les esprits,
Vous pouvez réparer le mal de vos écrits,
Et qu'après cet éclat, qu'un noble cœur abhorre,
Il peut m'estre permis de vous aimer encore.

CÉLIMÈNE

Moy, renoncer au monde, avant que de vieillir,
Et dans vostre Désert aller m'ensevelir ?

ALCESTE

Et, s'il faut qu'à mes feux votre flâme réponde,
Que vous doit importer tout le reste du Monde ?
Vos desirs, avec moy, ne sont-ils pas contens ?

CÉLIMÈNE

La solitude éfraye une âme de vingt ans.
Je ne sens point la mienne assez grande, assez forte,
Pour me résoudre à prendre un dessein de la sorte.
Si le don de ma main peut contenter vos vœux,
Je pourray me résoudre à serrer de tels nœuds,
Et l'Hymen...

ALCESTE

　　　　Non. Mon cœur, à présent, vous déteste,
Et ce refus, luy seul, fait plus que tout le reste.
Puisque vous n'estes point, en des liens si doux,
Pour trouver tout en moy, comme moy tout en vous,
Allez, je vous refuse, et ce sensible outrage
De vos indignes fers pour jamais me dégage.

Célimène se retire, et Alceste parle à Éliante.

Madame, cent Vertus ornent vostre Beauté,

Et je n'ay veu qu'en vous de la sincérité ;
De vous, depuis longtems, je fais un cas extrême,
Mais laissez-moy, toujours, vous estimer de même,
Et souffrez que mon cœur, dans ses troubles divers,
Ne se présente point à l'honneur de vos fers ;
Je m'en sens trop indigne, et commence à connaistre
Que le Ciel pour ce nœud ne m'avoit point fait naistre ;
Que ce seroit, pour vous, un hommage trop bas
Que le rebut d'un cœur qui ne vous valoit pas ;
Et qu'enfin...

ÉLIANTE

Vous pouvez suivre cette pensée.
Ma main de se donner n'est pas embarrassée,
Et voilà vostre Amy, sans trop m'inquiéter,
Qui, si je l'en priois, la pourroit accepter.

PHILINTE

Ah ! cet honneur, Madame, est toute mon envie,
Et j'y sacrifierois et mon sang et ma vie.

ALCESTE

Puissiez-vous, pour goûter de vrais contentemens,
L'un pour l'autre, à jamais, garder ces sentimens !
Trahy de toutes parts, accablé d'injustices,
Je vais sortir d'un Gouffre où triomphent les Vices
Et chercher sur la Terre un endroit écarté
Où d'estre Homme d'honneur on ait la liberté.

PHILINTE

Allons, Madame, allons employer toute chose
Pour rompre le dessein que son cœur se propose.

LE MISANTROPE

EXPLICATION DES PLANCHES

NOTICE. — En-tête. Bande ornementale à fonds noir. Au milieu, un arc, avec ses flèches en éventail. A droite et à gauche, des Amours, cou- chés sur le rinceau comme sur un lit de repos. Celui de droite est endormi; tous deux tiennent une longue palme, dans laquelle une branche de rosier.

— Lettre L. Sur la haste de la lettre est suspendu un cadre, avec le titre de l'édition du *Misantrope*. Un petit génie ailé, une branche de lau- rier à la main, est assis sur une pile de livres et tient ouvert le volume de la Pièce à l'endroit de la liste des Personnages.

— Cul-de-lampe. Sous un pavillon, un pigeon solitaire a sous ses pieds des branches de laurier.

FAUX TITRE. — Sur un cartel en largeur : LE MISANTROPE. Des deux côtés, une figure de femme, terminée en rinceaux et tenant une haute branche de laurier. En haut, sur le milieu du cartel, un petit édicule avec l'armoirie de Molière et une couronne, faite de deux branches de laurier.

Le laurier, symbole de la gloire du poète et de son œuvre, est le prin- cipe de la décoration générale et de tous les détails. Dans le cours de la Pièce, entre chacune des scènes, un ornement, composé de deux branches

XVI.   18

de laurier retenus par un ruban. Cet ornement change à chaque Acte ; il est successivement signé de chacune des cinq lettres, qui forment le nom et la signature de l'Artiste.

Grand titre (acte I, scène 11). — Alceste, en habit gris avec des rubans verts, assis sur un fauteuil, le chapeau sur la tête, se prépare à écouter Oronte. Celui-ci, debout, son chapeau sur la tête et une canne légère dans la main droite, commence à lire avec satisfaction son Sonnet de l'Espoir. A gauche, Philinte debout, son chapeau à la main, suit de l'œil les mines d'Oronte.

Derrière le fauteuil d'Alceste, un riche paravent. Sur le mur du Salon de Célimène trois Caryatides, — un Satyre et deux femmes — en forme de Termes, portant une branche de laurier ; l'une des femmes porte un masque de comédie, l'autre une couronne de feuillages.

Grand titre. — Portique architectural. Les deux pilastres latéraux sont, au milieu de leur hauteur, accompagnés d'un vieux Satyre et d'une Satyresse dansant. Au milieu, au-dessous du cartel du titre, Alceste, assis dans un fauteuil, une de ses jambes sur l'autre, réfléchit et remâche ses chagrins. En haut, deux Renommées ailées, assises, dos à dos, des deux côtés de l'armoirie de Molière. En bas, des deux côtés de la date, deux enfants assis, tenant une branche de laurier.

Le Libraire au Lecteur. — En-tête (p. 1). Bande ornementale, à fonds piqueté d'or ; au centre, un vase, plein de branches de laurier.

— Lettre L (p. 1), contre laquelle sont appuyées deux branches de laurier.

— Cul-de-lampe ornemental (p. 2), avec des branches de laurier dans les rinceaux ; en haut, un brûle-parfums, des trous duquel sort de la fumée.

Lettre sur la Comédie du Misantrope. — En-tête (p. 3). Bande ornementale à fond noir. Aux deux extrémités, une Sirène ailée ; elles tiennent une suite de draperies, reliées, au centre, par un bouquet de branches de laurier.

— Lettre V. Génie ailé, supportant, sur une double tige, un encrier; sur chaque tige, une plume.

— Cul-de-lampe. Tête de jeune Satyresse, portant sur ses cornes une corniche, décorée de nœuds de rubans verts et de feuilles de laurier. En bas, un rameau de laurier accompagne un cartouche, dans lequel la date de 1666.

CADRE DES PERSONNAGES. — Cadre carré. En haut, des branches de laurier. Sur les deux montants, les nœuds des rubans verts d'Alceste. Au bas, deux Satyres, terminés en rinceaux et supportant sur leurs épaules les coins inférieurs du cadre. Au milieu du bas, dans un médaillon rond, vue de la Seine, avec, en avant, le Pont-Rouge; au fond le Pont-Neuf et la Cité.

ACTE I. — En-tête (p. 17). Cadre carré avec le nom de la Pièce. De chaque côté, deux Génies ailés; l'un se penche pour joncher le sol de branches de laurier; derrière lui, un second Génie debout en tient d'autres pour les ajouter aux premières. En bas, à gauche, un petit Amour arrive en volant pour apporter aussi les siennes. En haut, l'armoirie de Molière.

A droite et à gauche, une arcade architecturale encadrant le sujet central, motif qui se répète à l'en-tête de chaque Acte, avec des différences dans le détail. Devant chacune de ces deux arcades, un Génie ailé portant des branches de laurier.

— Lettre Q (p. 17; scène 1, vers 5). Alceste assis ne regarde pas et a l'air de repousser Philinte, qui, debout et appuyé sur son fauteuil, essaie de le raisonner :

Moy, je veux me fâcher et ne veux point entendre.

A toutes les lettres initiales des Actes, un petit Amour avec une longue branche de laurier. Le fond noir est décoré d'ornements en incrustation d'étain dans le genre des meubles de Boulle.

— Cul-de-lampe. Cadre en largeur devant un bouquet de branches de laurier, porté par deux enfants ailés. Alceste, assis entre Philinte et Oronte, debout, leur chante le vieux couplet de *La mie au gai* (scène II, p. 40-1).

ACTE II. — En-tête (scène v, p. 55). Le Salon de Célimène, où se trouvent Célimène, Eliante, Alceste et Philinte. Célimène dit à Basque, qui vient d'annoncer : « Oui, des sièges pour tous », et Basque avance une chaise. Dans le fond, on aperçoit Acaste et Clitandre montant l'escalier.

— Lettre M (p. 47; scène I, p. 48). Devant la lettre, Alceste et Célimène, lui disant :

> *C'est pour me quereller, donc, à ce que je voy,*
> *Que vous avez voulu me ramener chez moy.*

— Cul-de-lampe (p. 66 ; scène v, p. 66). Le Salon de Célimène. A gauche, le groupe d'Eliante et de Philinte, et celui d'Alceste et de Célimène ; au centre, le groupe d'Alceste et de Clitandre. A droite, Basque, qui vient d'entrer, dit à Alceste :

> *Monsieur, un homme est là, qui voudroit vous parler.*

Au fond, le garde de la Maréchaussée dans la porte ouverte.

ACTE III (p. 71 ; scène IV, p. 78-9). — Le riche salon de Célimène; Arsinoé et Célimène se font la révérence :

> CÉLIMÈNE : *Voulons-nous nous asseoir ?* — ARSINOÉ : *Il n'est pas nécessaire.*

Dans les deux arcades d'encadrement un petit Génie avec deux branches de laurier.

— Lettre C (p. 71 ; scène I, p. 72). Le Marquis Acaste disant au Marquis Clitandre :

> *J'ay du bien, je suis jeune, et sors d'une Maison*
> *Qui se peut dire Noble avec quelque raison.*

Au bas, des deux côtés du cartel où sont les vers, deux bougeoirs, avec leur chandelle allumée, pour rappeler la rampe du Théâtre.

— Cul-de-lampe (p. 91 ; scène v, p. 90). Alceste et Arsinoé, vus de dos, sortent par la porte, à travers laquelle on voit la rampe de fer de l'escalier. Au bas, un cartouche, soutenu par deux Amours terminés en rinceaux, dans lequel le vers, dit par Arsinoé :

Donnez-moy seulement la main jusques chez moy.

Sur le milieu de la corniche supérieure, un vase, avec le nom et l'armoirie de Molière; sur sa panse, une Théorie de Renommées. A gauche, un Satyre pose une seconde couronne de laurier sur une première déjà posée sur le sol. A droite, un homme, couché à terre, sonne de la trompette et tient de la main gauche une draperie qui tombe devant le sujet du tableau.

ACTE IV. — En-tête (p. 95 ; scène III, p. 103). Riche salle à colonnes. Alceste, furieux, présente à Célimène son billet :

Jettez les yeux icy, et connoissez vos traits.

— Lettre N (p. 95 ; scène II, p. 100). Alceste demande à Eliante de le venger de Célimène :

ELIANTE : *Moy vous venger ? Comment ?* — ALCESTE : *En recevant mon cœur.*

Derrière Eliante, Philinte.

— Cul-de-lampe (p. 113 ; scène IV, p. 112). Le salon de Célimène. Célimène, Alceste et son Valet Du Bois, qui cherche le billet dans sa poche, pendant qu'Alceste, furieux, lui dit : « Donne-le donc. » Le cadre de ce sujet est porté sur le haut d'une niche, dans laquelle la statue d'une Renommée ailée, qui sonne dans une trompette double.

ACTE V. — En-tête (p. 115 ; scène II, p. 123). — Alceste et Oreste demandent à Célimène de se déclarer. Célimène, qui lève les bras, s'y refuse :

Mon Dieu, que cette instance est là hors de saison.

Sur la muraille un paysage de tapisserie. En haut, sur le cadre, une poule entre deux coqs.

— Lettre L (p. 115 ; scène 1, p. 120). Alceste, assis et repoussant Philinte, qui est debout à côté de son fauteuil :

> *Allez-vous en la voir, et me laissez enfin*
> *Dans ce petit coin sombre avec mon noir chagrin.*

— Cul-de-lampe final (p. 135 ; scène dernière, p. 134). Alceste, Eliante et Philinte. Alceste, pour sortir, soulève la portière de la porte :

> *Trahy de toutes parts, accablé d'injustices,*
> *Je vais sortir du gouffre où triomphent les vices.*

Des deux côtés du cadre, deux femmes, de profil et jouant de la trompette, portent sur leurs têtes la corniche supérieure couronnée par un motif dont le centre est un aigle broyant un serpent dans son bec. A côté des deux femmes, un petit Amour volant apporte une branche de laurier.

FIN DE LA TABLE DES ILLUSTRATIONS

Achevé d'imprimer a Évreux

Par Charles Hérissey

Le vingt Décembre Mil huit cent quatre-vingt-neuf

Pour le compte d'Émile Testard

Éditeur a Paris

A

MOLIERE

1622   1673

A
MOLIERE

1622　1673

www.ingramcontent.com/pod-product-compliance
Lightning Source LLC
Chambersburg PA
CBHW052050090426

42739CB00010B/2115